AF293543

Ludwig M. Auer

Kommentare zu
Europa – Wunsch, Wahn und Wirklichkeit

Band II. Europas Gegenwart: Hoffnungen und Grenzen

Ludwig M. Auer

Kommentare
zu

Europa -
Wunsch, Wahn und Wirklichkeit

Eine Trilogie

Band II

Europas Gegenwart: Hoffnungen und Grenzen

Erschienen im LIT-Verlag 2021

Band I: Zur Geschichte von Migration und Kultur
(LIT-Verlag 2020)

Kommentare zu Europa: Wunsch, Wahn und Wirklichkeit

Band II: Hoffnungen und Grenzen

Erste Auflage

Herstellung und Verlag: BoD – Books on Demand, Norderstedt

ISBN 9783754333709

Diese Kommentare dienen als Ergänzung zum Text des Bandes
„Europa. Wunsch, Wahn und Wirklichkeit.
Band II: Hoffnungen und Grenzen.
Dort sind die Hinweise auf diese Kommentare als Literaturhinweise
vermerkt und mit einer Laufnummer versehen, z.B.[K21]

Anmerkungen zum Text

Mit einem Sternzeichen * markierte Textstellen sind vom Autor übersetzte fremdsprachige Originalzitate.

Hochgestellte Zahlen mit vorangestelltem "A", z.B. Demokratie [A39] stehen für Anmerkungen in Band I oder II, jeweils angeführt.

Hochgestellte Zeichen „M&D",z.B. [M&D, S.26] weist auf Text in meinem Buch „Mensch und Demokratie", LIT-Verlag 2021 hin, mit entsprechendem Seitenhinweis.

Verweise wie z.B. „S. 104f", gelten für zwei oder bei „S.104ff" für mehrere Seiten.

Literaturzitate

„PW" steht für Portal für Literaturwissenschaft; die einzelnen Artikel können unter https://www.pw-portal.de/die-krise-der-europaeischen-union/ abgerufen werden.

Bei manchen Literaturzitaten , die einen Verweis auf ein im Internet verfügbares Dokument enthalten, ist aus Platzgründen das „http://ww." oder die äquivalente Anfangsbenennung wie „https://" weggelassen.

Inhalt

K1 Zusammenfassende Rückschau auf die Geschichte[1]

Migration und Kultur

In Band I hatten wir Völker und Volksstämme auf ihrem Weg nach und von und in Europa begleitet und rekonstruiert, woher sie kamen, wo sie blieben, wie sie miteinander umgingen. In der Überschau formt nun die Geschichte ein Bild der Völker, das dem Einzelmenschen als flexiblem, intelligentem Ausbeuter seiner Umwelt entspricht, mitunter beginnend beim Nächststehenden, und das schon seit Anbeginn:

Nach der Geschichte der Hebräer in Ägypten deportierten die Assyrer und Babylonier im 8. bzw. 6. Jh. v. Chr. erneut die führende Schicht des Volkes und bedienten sich ihres Wissens. Für die Hellenen waren alle besiegten Nachbarn Sklaven. Rom war gegenüber eigensinnigen Kulturen wie Karthagern, Kelten und Israeliten radikal: nur die vollkommene Zerstörung der Kultur und Versklavung der Bevölkerung kam in Frage. Caesar unterwarf und erlegte Bedingungen auf; bei Widerstand wurde vernichtet bis in die Wurzeln der Kultur – die Ermordung der Druiden auf der Insel Anglesey ist ein Beispiel. Rom lebte für sich selbst, überzeugte Manche der Ausgebeuteten durch seine Macht und Größe, ließ die Anderen in ihren Kulturen leben bleiben, solange sie gehorchten und zahlten.

Der historisch nur aus der Reaktion seines Umfeldes nachweisbare Jesus von Nazareth mit seinem Appell an Nachsicht mit der unüberwindlichen Fehlbarkeit des Fleisches aus der Sicht des lebenslang um die Dominanz ringenden Geistes erwirkte eine Zeitenwende, löste damit aber eine radikal- fundamentalistische Jagd des Glaubens auf verbotenes Wissen aus – Menschen verbrannten mit Büchern, Rom sank der neuen Macht in die Arme.

Die Franken waren mit Feuer und Schwert bemüht um Vereinheitlichung der Zivilisationen und Kulturen aus gallo-römischem, germanischem und slawischem Erbe – mit Karl dem Großen als Repräsentant und Lichtträger für die heutige Union. Der Nachholbedarf an Bildung der Einwanderer auf nicht-römischen Boden dauerte über mehrere Jahrhunderte; und man blieb einander feind und fremd zwischen West und Ost, Nord und Süd im Reich. Sogar im poströmischen Einflussbereich selbst war das Bildungsniveau durch die radikale Beseitigung allen paganen Wissens durch die Christen derart gesunken, dass die Karolingische Renaissance bei den meisten Priestern wieder damit beginnen musste.

Die kulturelle Vielfalt nach der Völkerwanderung in Europa ist zuerst durch die territoriale Abgrenzung der eingewanderten Volksgruppen entstanden, die von Anbeginn eine weitgehende genetische Homogenität beibehielten. Ihre Ballung innerhalb der heutigen Staatsgrenzen ist in Band II, Abb. 1 deutlich erkennbar. Der unterschiedliche Volkscharakter der heutigen Nationalstaaten lässt sich aus

---

[1] Einzelne Satzfolgen habe ich aus Band I hierher übernommen.

biologisch-anthropologischer Sicht auf deren unterschiedliches Mischungsverhältnis zurückführen, das sich aus den machtpolitischen Abgrenzungen quer durch solche ursprünglichen Territorien und auch durch Migrationen ergab. Alle diese Einwanderer entstammen jedoch dem gleichen Großraum der östlichen Steppen, beginnend am „Fruchtbaren Halbmond", mit gemeinsamen Sprachwurzeln und ähnlichen archaischen Kulturformen. Deshalb ist Europa bis heute ein Kulturkreis mit dem einzigartigen Charakter seiner Nationen geblieben. Noch heute erkennt man uralte Volksgruppen an ihrer Eigenart, mitunter ihrer Segregation: versprengte Reste der von den Römern verdrängten Kelten im Baskenland und in Irland machen bis in unsere Tage Schlagzeilen, genetische Untersuchungen in Wales bestätigen ihre bis heute bewahrte genetische Eigenheit. Budapest und Paris, Stockholm und Rom, London und St. Petersburg, ihre Architektur und ihre Menschen haben ihre Eigenheiten, sind aber alle unverkennbar europäisch.

Die nüchterne Beobachtung dieser Entwicklung ohne ideologische Tönung weist auf ein Geschehen hin, das der genetischen Evolution und der aus ihr hervorgegangenen Artenvielfalt ähnelt: aus zusammenlebenden Verbänden wurden territorial abgegrenzte Großverbände mit Führungshierarchie, eigener Sprachentwicklung und Kultur. Sie tauschen sich in begrenztem Umfang aus, fließen aber nicht zusammen. Im Kulturkreis Europa überwiegen dennoch die Ähnlichkeiten vor den Unterschieden.

Friedliche und erzwungene Christianisierung hielten sich während der Völkerwanderung und danach bis über die Zeit Karls des Großen und König Stephans von Ungarn hinaus die Waage. Danach brach mit dem Hochmittelalter ein für unser heutiges Verständnis dunkles Zeitalter an, religiös-fundamentalistisch und intolerant, dogmatisch bis zur Lächerlichkeit, aber auch mörderisch herrschsüchtiger Gottesstaat, in dessen Mitte die Gehorsamen ein stilles Leben führen konnten, soweit sie nicht Militärdienst leisten mussten, und solange nicht Hungersnot und Seuchen die Welt zu einer Hölle machten, die schließlich den Glauben an diesen ordnenden und schützenden Gott tief erschütterten. Auch der Kampf zwischen kirchlicher und kaiserlicher Macht um die Vorherrschaft trug zu diesem Verlust an Glaubwürdigkeit bei.

Die islamische Welt und Europa

Die islamische Welt war zur Zeit ihrer maximalen Expansion im späten 7. und frühen 8. Jh. noch gar keine eigene Kultur – es war vielmehr eine aus einer christlichen Sekte hervorgegangene Religion im Stadium der Entwicklung, in einer kulturell äußerst vielfältigen geographischen Region zwischen Spanien und Indien. Toleranz bestand vielfach darin, aus Elementen eben erst eroberter Kulturen Anteile für eine in Entstehung befindliche eigene abzuleiten, beginnend mit der persischen, dann der byzantinischen. Die ersten Moscheen entstanden durch Umwandlung byzantinischer Basilika-Bauten mit ihren Kuppeln und Säulenhallen, wie der Kathedrale von Damaskus: sie war sogar für fast 100 Jahre noch gemeinsames Gebetshaus für Christen und Muslime. Die Mauren Spaniens machten Juden und Christen zu Bürgern zweiter Klasse, die besteuert, nur in Ausnahmefällen teilintegriert, in ihrer eigenen privaten Kultur – zwar meist in Frieden - jedoch segregiert leben durften. Vielen Menschen, die damals im Rang von Sklaven lebten, erging es besser als heute Jenen, die von Projekten zur Identifikation von versklavten Menschen trotz Satellitenüberwachung nicht erkannt werden.

Die Araber und osmanischen Muslime verachteten stets alles Europäische, wie in Band I anhand von Einzelschicksalen geschildert. Respekt und Anerkennung beschränkten sich auf die Hüter nützlichen Wissens und diplomatische Wanderer zwischen den Welten. In Städten und Landstrichen mit gemischt-kultureller Bevölkerung wie in den Weltstädten Alexandria, Jerusalem und Aleppo, oder am Balkan, verkehrten Anhänger unterschiedlicher Religionen zwar oft friedlich nebeneinander, lebten aber in getrennten Bereichen und schlachteten einander bei jeglicher Imbalanz der Macht im Laufe einer nun weit über tausendjährigen Geschichte regelmäßig ab.

Ich stelle mir vor, dass Kaiser Konstantin und seine Streitmacht im Jahr 312 n. Chr. auf dem Weg von Trier zur Milvischen Brücke in Rom durchaus ähnlich gesinnt waren mit dem Staurogramm (Bd. I, S. 379, A184) auf Schilden und Fahnen, wie es die muslimischen Eroberer von Kairo, Cordoba, Jerusalem und Ktesiphon, Susa und Persepolis waren: beseelt von einer neuen Kraft. Der Halbmond kann es allerdings auf deren Schilden noch nicht gewesen sein, denn der war das Wahrzeichen des alten Byzantion und kam erst 1453 bei der Eroberung Konstantinopels zum Islam.
Im Gegensatz zur Situation des Islam im 7. und 8. Jh. und des Christentums im 4. Jh. hat das Europa des 20. Jh. eine über 1000-jährige Geschichte kultureller Entwicklung hinter sich: blickt man in diese Geschichte zurück, so wird klar, dass es keine Tradition des tatsächlichen Zusammenlebens in einer multikulturellen Gesellschaft gibt, sondern nur eine lange Geschichte der Abwehr fremder Kulturen, von Abweichlern von der katholischen Zentralgewalt, zuletzt nur noch des eifersüchtigen Kampfes um Vormacht, sei sie religiös oder säkular. Toleranz war Thema von Philosophen untereinander oder im Diskurs mit den Herrschern ihrer Zeit. Erste Versuche waren seit den späten Jahren des 18. Jh. unterwegs. Als jedoch Mitte des 19. Jh. das Volk aufstand, um seine Interessen selbst in die Hand zu nehmen, zerfiel das europäische Machtmonopol der Monarchenfamilien. Zum aberen Mal im Karussell der Geschichte der Macht konnten sich im politischen Chaos Diktaturen etablieren, die viele dutzende Millionen Menschen das Leben kosteten.

Multikulturalität in der Geschichte

Juden in der Diaspora blieben bis ins 19. Jh. ausgeschlossen, in Ghettos oder als Außenseiter der Gesellschaft toleriert, stets der Gefahr neuer Übergriffe ausgesetzt. Nicht einmal deutsch-deutsche, nicht zu reden von innereuropäischer, Migration lieferte Beispiele nur kurzfristiger Integration; im Vordergrund stand das Verhalten der angestammten Bevölkerung, geprägt von Ausgrenzung, Erniedrigung und Benachteiligung der Immigranten, bis sich die Neuankömmlinge

mühsam selbst integrierten oder im Laufe mehrerer Generationen in der Gast-
bevölkerung aufgingen.

Auch in den USA hat sich nie eine gemeinsame Kultur entwickelt. Sie leben in
einer gemeinsamen Staatsordnung, leben aber nach unterschiedlichen kulturellen Gewohnheiten oder als Opfer von Rassismus, entweder als Neu-Europäer,
als Lateinamerikaner, als Afro-Amerikaner, Mitglieder anderer Kulturen wie der
chinesischen oder anderer, oder ohne jede Kultur im Gemeinschaftsgefühl
amerikanischer Nationalität und deren zivilisatorischem Gefüge.

Aus dem Studium von Migration und Kultur im Rahmen von Band I konnte sich
demnach nur bestätigen, dass es kein Beispiel für eine „multikulturelle" Gesellschaft in der Geschichte im Sinne von Zusammenleben in einer Gemeinschaft
trotz unterschiedlicher Herkunfts- und gelebter Kulturen gab, weil in dieser Erwartung von vornherein ein grundlegender Widerspruch liegt, eine irrige Hoffnung. Ausnahme ist gelegentliche, meist teilweise, religiöse Toleranz zu einem
bestimmten Preis, in Form von barer Münze oder von Wissen bzw. Dienst-
leistung, wie im maurischen Spanien. Zu den Ausnahmefällen wie Jerusalem mit
seiner über 1500-jährigen Geschichte von „Multikulturalität" hatte ich gemeint:
*„Wenn es einen Ort gibt, der das 'Zusammenfließen von Kulturen' bestätigen kann,
es müsste Jerusalem sein"*. Die wirkliche Situation ist allseits bekannt. Stets be-
dingte das „Dazukommen" fremder Lebensgewohnheiten in eine bestehende
Kultur die gegenseitige Ablehnung und Segregation.

Sogar bloße Multi-Ethnizität in einer übergeordneten Zivilgesellschaft ist ein
sehr fragiles Phänomen, das als labiles Gleichgewicht dort existieren kann, wo
Menschen unterschiedlicher Kulturen oder Ethnien ohne jegliche Bevorzugung
einer Seite innerhalb eines gemeinsamen Ordnungssystems leben, oder anderer
Umstände wegen. Dieses Gleichgewicht geht verloren, sobald eine von zwei
Interventionen geschieht: erstens: die politische Macht bevorzugt - und wenn
auch nur andeutungsweise – eine der Parteien. Zweitens: eine der Parteien
verhält sich missionarisch, dominant oder segregatorisch in einer Weise, die in
das gemeinsame Ordnungssystem eingreift, indem sie besondere Regeln für sich
selbst fordert, und damit selbst Anspruch auf Bevorzugung erhebt.

In den europäischen Kolonien der Neuzeit gab es alle Varianten des umgekehr-
ten Vorgangs, des Ausgrenzens der unterdrückten, besiegten Einheimischen.
Betreffend die Religion als Begleitphänomen der Kolonisierung stellt man alle
möglichen Varianten fest, von der langjährigen merkantilen Kontaktnahme ohne
direkte Missionierung am einen, bis zur mörderischen Zwangs-Christianisierung
am anderen Ende der Skala.

Toleranz

Nicht selten vergisst man bei der Diskussion von Multikulturalität, dass Toleranz
auch davon abhängt, wie lange und wie fest verankert eine Kultur ist, wenn sie
mit einer anderen konfrontiert wird, wie unerschütterlich, oder wie geschüttelt:
Das Römische Reich war zur Zeit seiner massivsten Gefährdung durch heran-
drängende Völker aus Ost und Nord in seinem Inneren gerade selbst in einem

fundamentalen Umbau begriffen: seine heidnische kulturelle Kraft war dahin, Rom riss selbst seine Tempel nieder oder legte sie still, schloss seine Bibliotheken, verbat die Lektüre seiner Literaten und Wissenschafter. Das Christentum, neues Symbol der Macht, feierte seinen Antritt mit Bücherverbrennungen. Rom schloss selbst die Tore der Antike, seiner eigenen Welt. Der Kampf mit anderen Kulturen war vorbei. Die Führer des Christentums begannen, eine neue Welt in Europa zu formen, fundamentalistisch intolerant bis in die eigenen Reihen, entschlossen, einen Gottesstaat zu beherrschen.

Perioden der gegenseitigen Toleranz auf Distanz wechselten sich in der Menschheitsgeschichte stets mit Zeiten gegenseitiger Verfolgung ab. Episoden toleranter Parallelgesellschaften waren meist mit dem Namen von Herrschern oder Dynastien verbunden – auf einige Beispiele davon habe ich aus dem Lauf der europäischen und levantinischen Geschichte hingewiesen; sie alle zeigen, dass Toleranz von oben stets nur teilweise erfolgreich war, wenn überhaupt: Umayyaden-Kalifat in Cordoba, Theoderich, König der Ostgoten; Karl V., Kaiser des Heiligen Römischen Reiches Deutscher Nation; König Georg III. von England im Jahr 1780, Sultan Abdülmecid des Osmanenreiches im Jahr 1850. Wann immer das Volk zu sprechen begann, kam es trotz herrscherlicher Edikte zu fremdenfeindlichen Übergriffen und Pogromen.

Bis heute ist die Situation unverändert: die Menschen haben keine Erfahrung, keine Übung im Umgang mit Toleranz. Immigranten sind daher einem besonders hohen Widerstandsniveau ausgesetzt; Segregation und Exklusion sind daher ausgeprägt wie eh. Die biologischen Hintergründe des Zusammenlebens von Sippen, Stämmen und Völkern habe ich an anderer Stelle angesprochen.[M&D, Kap.2]
Allenfalls wird diskutiert, ob nicht Europa, der Westen insgesamt, heute in einer ähnlichen Situation ist wie Rom im 4. Jh.: die innere Kraft dahin, die Wahrscheinlichkeit ist daher hoch, dass eine neue, äußere Kraft die Führung in andere Zeiten übernehmen könnte – eine solche „externe" Kraft hält die Welt seit 2020 in Bann; als Kraft der Natur ist sie mitnichten neu, denn Seuchen gibt es seit Menschengedenken; geändert haben sich lediglich Gewahrsein und Umgang damit (den Satz vor dem Bindestrich hatte ich bereits 2018 geschrieben). Oder kann man hoffen, dass das Ausmaß von Bedrohung schon heute ausreicht, um aus neuem Gemeinschaftsgefühl neue Kraft für eine neue europäische Gemeinschaft zu schöpfen? Die Anzeichen sind undeutlich.

Eine Kultur für die ganze Welt – durch Handel?

Der hoffnungsfrohe Spruch *„Wer Handel miteinander treibt, der schießt nicht aufeinander"* [2] traf zwar auf die Normannen bzw. Wikinger nicht zu, aber wer Handel treibt, Waren tauscht, tauscht Kulturgüter, tauscht Kultur – sie fließen nicht zusammen, aber sie tauschen sich aus:

Kulturen fließen nicht zusammen, schon gar nicht in Multikultur; sie grenzen sich voneinander ab, aber nehmen voneinander in einer ursprünglichen Form

---

[2] U. Menzel, Globalisierung versus Fragmentierung, Suhrkamp 2002, S. 49.

von Kommunikation, sie „tauschen sich aus". Kulturen entstanden aus gemeinsamen Ursprüngen und entwickelten sich wie die Artenvielfalt des Lebens. Sprache, Religion, tradierte Sozialordnung, Kulturen also, haben zwar gemeinsame Ursprünge. Wie jedoch Menschengruppen verschiedene Winkel der Welt besiedelten und sich dort der Umwelt anzupassen begannen, entwickelten sie daraus eigene Formen wie Vögel auf einer Insel, deren Schnäbel sich den dort wachsenden Früchten anpassen. Treffen sie später wieder aufeinander, grenzen sie sich zunächst voneinander ab, verteidigen ihr Territorium. Sie beeinflussen und „befruchten" einander zwar, entwickeln sich aber im Laufe der Zeit dennoch auseinander in dem Sinn, dass sie sich individuell ausdifferenzieren in unterschiedliche Richtungen. Sie begegnen uns heute in einem bunten Bild als Kulturkreise, Subkulturen, Nationen, Ein- oder Vielvölkerstaaten und separatistische Regionen. Was die ferne Zukunft aus der derzeitigen zivilisatorischen Globalisierung aus Kultur machen wird, lässt sich für mein Dafürhalten in keine auch nur annähernd konkrete positive Prognose fassen.

Ideologien wie Kommunismus und weltumspannende Gottesstaaten im Zusammenbruch von Sowjet-Russland, dem China von Mao Tse Tung und im Wirbel des Arabischen Frühlings sind derzeit im Westen nicht gefragt. Demokratie mit den Streitereien von Parteien und zunehmender Auflehnung gegen die resultierende Despotie der jeweiligen – oft zufällig entstandenen und nachgerade austauschbaren - Mehrheit begegnet uns auf nationaler Ebene wie auch dort, wo wir auf der Suche nach der gefühlten Gemeinsamkeit sind: in Europa. Werden wir sie noch in *unserer* Gegenwart finden?

Was die Entwicklung der Demokratie selbst anbelangt, so könnten sich Leser fragen, warum sie in diesem Überblick der sozio-kulturellen Entwicklung kaum erwähnt wurde – denn in der Tat ist sie das Ergebnis eines sozialpolitischen Prozesses, dessen sich Europa und die westliche Welt als Schöpfer rühmt: ich erachtete die Bedeutung davon groß genug für deren Besprechung in einem vollkommen separaten Band.[M&D]

Was sich in Europa entwickelte, kam als Kolonialismus über Nord- und weite Teile Südamerikas, Australien, Neuseeland und viele Inseln im Indischen und Pazifischen Ozean - und prägt seither die Menschenkultur dort: von Alaska bis Feuerland spiegeln die heute gebräuchlichen Sprachen die damalige Landnahme: englisch und minimale Anteile eines verballhornten Französisch, ab Mexiko gefolgt von spanisch oder portugiesisch – einige Berg- und Städtenamen erinnern noch an die Sprachen der ausgelöschten Indianerkulturen. Die Amerikas sind nun ein überwiegend christlicher Kontinent. Seit einigen Jahrzehnten bemühen sich indigene Restpopulationen um Respekt vor ihrem damaligen Status.

Fast fünftausend Jahre zuvor war inetwa derselbe Prozess den damaligen Europäern mit den indo-europäischen Invasoren aus der Steppe widerfahren. Damals hatten die Invasoren noch im Haus der Alt-Europäer gewohnt, ihre Bauernkultur genutzt und andere zivilisatorische Errungenschaften; aber sie hatten Pferd und

Wagen mitgebracht. Die Römer hatten im Kulturhaus der Griechen gewohnt, deren Tempel und Götter übernommen, sich sogar selbst als griechischer Abstammung bezeichnet. Die Invasoren der Völkerwanderung wurden – teils mit Feuer und Schwert - in die kulturelle Welt des christlichen Rom hineinerzogen; ihre Herkunft verrät sich am resultierenden Sprachmix (z.B. franko-lateinisch) und an einigen in das Kirchenjahr hineingewobenen alten Bräuchen.

Der globale Kolonialismus der europäischen Neuzeit erscheint als die bisher fast härteste und brutalste Verdrängung und Vernichtung indigener Kulturen. Sie resultierte in der 2. Hälfte des 20. Jhs. in einen universalen Anspruch auf die Definition von Recht und Moral, festgeschrieben in den Regeln der Vereinten Nationen. Im Chaos der Gegenwart finden sich nun auch Facetten von Betretenheit, Scham und Verantwortungsgefühl, Einsicht in Verpflichtung Europas und seines Westens gegenüber dem Rest der Welt. Europa, das in der Renaissance neugeborene, prägt den Großteil der Welt mit seinem universalistischen Anspruch auf allgemeingültiges Verständnis von Recht und Ethos, von Moral und Sitte – in Einem jedoch importiert es sein schizoides Verhalten zwischen Sollen und Möchten, abgewickelt in einem mehrbödigen, teils verdunkelten System – Recht gehört allzu oft nicht sich selbst, sondern der Macht, oder kriminellen Ausbeutern einer liberalen Gesellschaft, die zu träge ist, sich zur Wehr zu setzen. Dazwischen aber, immer dort, wo gerade keine Macht eines nationalen Einheitsstaates regierte, entwickelte Europa *„die stärkste geistige Kraftquelle unseres Planeten"* [3] - im Griechenland des perikleischen Zeitalters, im Italien der Renaissance, im Deutschland des ausgehenden 18. Jhs. Schöpfungen der Geisteskraft, einerseits Produkte regionaler Kultur, wirken aber gleichzeitig zwischen den nationalen Eitelkeiten, bilden die Verbindungsebene im Kulturkreis, die stärker und beständiger ist als die zerstörerisch-zerstückelnden und raffenden Machtbestrebungen der Dynastien, Clans und Banden. Je größer und innerlich sicherer ein Machtkoloss wird, so könnte man zusammenfassen, desto träger wird der Kollektivgeist, aus dem allein große Geister große Gedanken schöpfen können.

K2 Weitere Gedanken zu Kultur

Zum Begriff "Kultur"

Der Begriff Kultur steht für eine Momentaufnahme im Prozess der kulturellen Evolution; letztere entwickelt sich wie die genetische Evolution; nur ist die kulturelle Folge einer undurchschaubaren Verwebung von Massenverhalten und individuellem „Denken" als Phänomen des Nach-Denkens und Be-Denkens der Ergebnisse der kosmischen und der genetischen Evolution, eine Rekonstruktion der Ereignisse in Gedanken, Fragen, Nachfragen, Nachforschen. Geologie, Paläo-Anthropologie bestehen in diesem Nachfragen und Nachdenken über die Ereignisse anhand beobachtbarer Phänomene, also Zusammenhangs- und Zusam-

---

[3] E. Friedell, Kulturgeschichte der Neuzeit, Bd.1, Die Krisis der europäischen Seele von der schwarzen Pest bis zum Ersten Weltkrieg, Bd.1, DTV 2005, S. 197f

mengehörigkeitsanalyse. Dieses Forschen ist ein Zusammengehörigkeits-Finden, das dem Nach-Denken entspricht. Die Zusammengehörigkeiten selbst hängen ab von der entsprechenden Erkenntnis im Denkprozess, sind also ein Konstrukt des bewussten Denkprozesses. Geheimnisvoller sind die Phänomene menschlichen Massenverhaltens, in die jene individuellen Erkenntnisse einfließen in den Prozess der kulturellen Evolution:

Wie sich Kultur aus Natur entwickelt

Wie „Natur" ist auch „Kultur" ein evolutionärer Prozess, einer, der sich in und über Generationen fortspinnt, als Mode und Zeitgeist,[4] der sich den jeweiligen, sich ändernden, Umweltbedingungen anpasst: passiv in der biologischen Evolution, aktiv in der kulturellen. Inwieweit unsere aktiven Anpassungsprozesse, diese intellektuellen Leistungen, erst recht wieder nur dem biologischen Diktat folgen, wissen wir (noch) nicht genau – ein Hauch vom Odem der „Natur", eine Pandemie von tödlichen Viren, und der kulturellen Evolution könnte ein jähes Ende gesetzt sein. Jedenfalls hat uns diese besondere Gabe des Gewahrwerdens des eigenen Gewahrseins auch eine Welt der Ideen beschert, der Vorstellungen und Ahnungen von dem, was die Wahrheit sein mag hinter alledem, was wir wahrnehmen können. So entwickelt sich über die Jahrtausende die menschliche Erkenntniswelt, Konstrukt und Annäherung an die wirkliche Wirklichkeit. Wir nennen es Wissen, Kennen und Können, weitergegeben von Generation zu Generation, oder neu konstruiert von der einen, wieder zerstört von der nächsten und ersetzt durch eine neue, immer virtuelle, immer konstruierte Welt, erdacht aus einfacher Beobachtung, oder ersonnen aus diesem Gewölk von Vorstellungen und Erwartungen, die uns einfallen angesichts der Welt um uns, und kollektive Verhaltensmuster hervorrufen.

Was aber ist denn nun „Kultur", zum Beispiel zum Unterschied von „Zivilisation"?

Kultur oder Zivilisation?

Im Gespräch zwischen Kulturfremden fallen außer der Kleidung zuerst die überraschenden Unterschiede im Verhalten auf: der Inder, der den Kopf – wenn auch unnachahmlich sonderbar – schüttelt, wenn er „Ja" meint; der Japaner, der „ja" sagt, wenn er „nein" meint; der Tibeter, der zur Begrüßung die Zunge herausstreckt; Gesten, die unverständlich alarmierende Spontanreaktionen oder Verunsicherung beim Gegenüber hervorrufen, wenn deren Bedeutungen dem kulturfremden Gegenüber unbekannt sind oder ihn reflexartig reagieren machen, nur eben auf andere Weise, als der Gestikulierer dies erwartet hätte.

---

[4] In den öffentlichen Badeanstalten des europäischen Mittelalters tummelten sich Frauen und Männer gemeinsam, vollkommen nackt. Im 19.Jh. war es undenkbar geworden, öffentlich mehr als die Gesichtshaut zu zeigen. Heute badet der Westen unter Feigenblättern, die den Namen Kleidung nicht mehr verdienen; für Frauen islamischer Religion ist solches Verhalten frevelhaft, daher weigern sich viele, ihre Kinder in westliche Schulen zu schicken, weil sogar die westliche Sportbekleidung als unsittlich verachtet werden muss.

Im Umherwandern auf Erden ist es die Betörung der Sinne, die sich an nichts Gewohntem mehr festhalten können, die Klarheit schafft: der Anblick von Gebäuden wie aus einem märchenhaften Traum, der Duft der Luft, die Melodie der Sprache und der Musik, ihr Rhythmus, der sich auf das fremde Gewoge der Bewegungen der Menschen auf der Straße überträgt zu einem wundersam fremden Ganzen. Sie machen ohne Sprache verstehen, was Kultur ist, und erinnern an die eigene, am Unterschied. Meine kürzeste Erklärung: Zivilisation ist die praktische Ordnung des Gemeinschaftslebens einer Kultur. Wo die beiden einander weit überlappen, ist Kultur jener Anteil, der Wirklichkeit und Miteinander transzendiert und das spontane „so Sein" repräsentiert. Beim Versuch, die Begriffe aus einer Nationen- übergreifenden Sicht zu definieren, vor allem nicht nur aus der eines einzelnen Sprachbereichs, z.B. angesichts des westlichen oder europäischen Kulturkreises, stößt man schon in der inner-westlichen Diskussion zwischen dem deutsch-sprachigen und dem englisch-sprachigen Bereich auf unterschiedliches Verständnis zwischen den Begriffen „Kultur" und „Zivilisation": Huntington springt in „Kampf der Kulturen" wiederholt zwischen den Begriffen und erzeugt den Eindruck, als verwendete er die Begriffe so, wie es aus Sicht der USA günstiger scheint;[5] weitere Kritik dazu steht hier unter Kommentar K4.

Kultur und Kulturgeschichte

Der Begriff „Kultur" bezeichnet insofern von vornherein in mehrfacher Hinsicht die Befassung mit „Geschichte", als „Kultur" selbst bereits der gegenwärtige Ausdruck tradierter kollektiver Erkenntnis ist, also Berufung auf Geschichte.
Darüber hinaus kann sie sich – auch vergleichend - mit vergangenen Kulturen befassen, deren Eigenheiten sich nun wieder in zeitlicher Umkehr auch in den gegenwärtigen Ausdrucksformen von Kulturen verbergen (und künftige mitbedingen), gerade so wie körperlich einmal ausgebildete Formen aus der Evolution nicht verschwinden, sondern sich nur umformen oder teilweise zurückbilden können.

Kultur und Religion

Menschen gleicher Kultur, Ethnizität, Sprache, schlachten einander nicht ab, weil sie an verschiedene Götter glauben; der Grund ist ein anderer, denn das geschieht auch, wenn sie an die gleichen Götter glauben: Beispiele dafür sind der Dreißig-jährige Krieg im Christentum und die Kriege zwischen sunnitischen und schiitischen Gruppen im Islam. Meist waren es Machtkämpfe: Fürsten gegen Kaiser, Volk gegen Fürsten und Kaiser, Machtaspiranten untereinander, mit religiösen Argumenten als Vehikel.

Der Mensch und sein Gott – Gott und seine Menschen

In der menschlichen Gabe der Phantasie, der Vorstellungskraft, liegen Wahrheit und Phantasterei, Dichtung und Märchen, Verrücktheit und Entdeckung nahe

---

[5] Siehe z.B. in der deutschen Ausgabe: S.P. Huntington, Kampf der Kulturen, Goldmann 2002, S. 66-68

beisammen. Der Mensch braucht und liebt die Dramatik; findet sie nicht statt, erfindet er sie oder träumt von ihr. Die Phantasie ist der Architekt des Weltgebäudes im Kopf. Sie macht auch lange blind für die Wirklichkeit, die sich darein nicht fügt. So glaubt der Mensch von Anbeginn: an seine Götter außen und sein Wissen innen.

Der frühere Mensch erlebte sich noch mehr oder überhaupt als Teil einer höheren Macht - ursprünglich sah er sich ihr wohl hilflos ausgeliefert; sie bestand aus Naturkräften, die er nicht verstand und nicht kontrollieren konnte. Schließlich begann er, sich mit dieser höheren Macht zu arrangieren, sich ihr zu unterwerfen, einen Vertrag mit ihr abzuschließen (Opfer darbringen, auch Mitglieder des eigenen Clans, um unkontrollierte Verluste zu vermeiden), der darin bestand, dass diese höhere Macht ihn beschütze dafür, dass er sich ihr unterwarf. Diese Macht begann in einem Prozess der Anthropomorphisierung menschliche Gestalt anzunehmen, zuerst in Teilen (teils Tier, teils Mensch). Jeder Schamane war bereits Mittler zwischen Mensch und Göttern, hatte also eine Mittlermacht und eine Fürsprecherrolle. Schon damals erhob sich wohl die Frage, ob nicht dieser Schamane gleichzeitig der Führer des Clans sein sollte, oder nur der Berater des Führers. Beide Optionen wurden verwirklicht: Könige, die gleichzeitig Oberste Priester waren, und Könige, die zu den Schamanen, Wahrsagern und Auguren gingen. Mitunter verschwamm dann die Grenze zwischen Diesseits und Jenseits, als plötzlich der Gottkönig selbst, oder der göttliche Kaiser, auf dem Thron saß. Schrittweise hat sich der Mensch also die Götter vom Himmel geholt, zuletzt durch den Protest gegen die Usurpatoren der Macht, die sich jene Vertreter der Götter auf Erden gestohlen hatten: dabei hatten schon lange zuvor Priester den Glauben verloren, den Glauben der Gläubigen missbraucht und ausgebeutet (schon in Ägypten, lange vor den Griechen), aber auch kluge Köpfe, die neugierig hinter den Vorhang gelangt und gedacht und erkannt hatten, dass nicht Götter die Maschine der Naturkräfte antrieben, sondern dass diese Kräfte sozusagen in eigener Regie tätig waren, dass sich das Tätige, der Verursacher, die Ursache, viel weiter im noch Kleineren, Ferneren, Theoretischeren, Abstrakteren, eben Unergründlichen verbarg.

Nun aber kam mit der Entrüstung und Verzweiflung ob des Machtmissbrauchs und der Ausbeutung durch diese gottheitvertretenden Obrigkeiten, kam ein zwar zögerlich schrittweises, tastendes Abbauen der Unterwerfung, des blinden Glaubens an die vorgeschriebenen Bilder von Aufbau und Funktion des göttlichen Universums. Verlassen vom göttlichen Schutz, den die Stellvertreter so schändlich missbraucht, begann der Mensch nicht mehr den Göttern zu gehören, begann seine Unterwerfung zu kündigen, machte sich selbst auf die Suche nach einer Erklärung dieser Welt und der Kräfte, die sie bewegen. Der Mensch stürzte Gottes Reich auf Erden und begann, es selbst zu übernehmen. Im Laufe von dreihundert Jahren wurden aus dem Universalreich des Gottesstaates und den Stellvertretern Gottes auf Erden die weltlichen Stellvertreter jener neuen irdischen Macht, an der die Menschen je nach ihrem Stand und Vermögen einen Anteil haben konnten und wollten. Noch ungläubig erst ob der Tatsächlichkeit dieser irdischen Sächlichkeit ohne göttlichen Geist darin experimentierten manche vorauseilenden Denker noch heimlich, ob sich nicht doch ein mächtiger Geist aus dem trivial Gegenständlichen locken ließe (Newton war vielleicht ihr prominentester Vertreter in der wirklichen Welt, so wie Faust in jener der Vorstellung). So wurde Gott zu Geld und Wissenschaft: neue Instrumente der Macht. Der Mensch indes glaubt weiter, weil er muss. Nur hat sich der Weg umgekehrt: glaubte er in seinen Anfängen zuerst an die Macht des Gottes, und dachte, wie er sie für sich günstig stimmen könnte, so glaubt er heute an den Traum von seiner Habe, der selbst erworbenen Macht, glaubt an den Traum von seiner Macht über die Kräfte, die die Welt bewegen. Erst am Ende dieser Sackgassen beginnt seine Neugier sich wieder zu fragen nach der Welt hinter dieser Wand, die ihn von der Wahrheit trennt.[6]

Wie und wann aber kam es, dass der Mensch den anderen Menschen zu missbrauchen begann, zu beherrschen und wie ein Tier zu töten? Wer Menschenopfer bringt, um die Götter zu besänftigen, wie kann er sich gleichzeitig zum Gott machen, der Menschen vernichtet wie ein Gott?

K3 Europa – Kulturfamilie, Kulturraum, Kulturkreis – oder kulturlos?

Bei der Beschäftigung mit der Frage, warum man sich ausgerechnet in den letzten Jahrzehnten um die Existenz europäischer Identität auseinanderzusetzen begann, kann vorerst die traurige Antwort folgen, dass man stets beachtet, was man eben verloren hat: Traurigkeit wie bei einem Abschied, Bewusstheit wie nach etwas, das man eben verlassen hat und nun erst, von außen, bewusst beachtet als eine *Habe*, das, was man zuvor *war*. Aber ist gleich *Verlust*, was uns bewusst wird? Bedeutet es nicht vielmehr: tatsächlich *Mensch* werden? Mensch, der seiner Bewusstheit gewahr wird, und seines instinktiven Lebens, Kulturlebens, Liebens und Hassens?

Gorbatschow schreibt in „Das gemeinsame Haus Europa" „ ... *über die gemeinsamen Wurzeln dieser so vielgestaltigen, doch im wesentlichen gemeinsamen europäischen Kultur ...* „. :[7] Europa ist in der Tat *im wesentlichen gemeinsam*, aber Europa ist nicht nur das Haus; Europa ist das Haus mit seinen darin lebenden, untereinander verwandten Familien, Familien, die sich ständig gestritten und auseinandergelebt, gegeneinander paktiert haben, jedoch immer noch Teile der gleichen Großfamilie sind. Die Distanzierung voneinander mag die eine oder andere Gewohnheit verändert haben, nicht jedoch die Basis der ursprünglichen Gemeinsamkeit.

---

[6] Karl Lamprecht unterscheidet die Kulturepochen Animismus/Symbolismus/Typismus/ Konventionalismus/Individualismus/Subjektivismus (A. Landwehr, S. Stockhorst, Einführung in die Europäische Kulturgeschichte, UTB, Verlag Schöningh 2004 S.68

[7] Michail Gorbatschow, Das gemeinsame Haus Europa. Econ Verlag 1989, S. 17.

Kultur und Kulturkreis

Es ist eine gute Idee, Europa nicht als „Kultur" zu suchen, sondern als „Kultur-kreis" zu beschreiben, denn das umfängt das Verständnis von benachbarten Sub-kulturen, Verwandtschaften und Unterschieden genetischer Mischungsverhält-nisse, vor allem jedoch die Folge der unvermeidbaren biologischen Eigenheit von Territorialisierung. Die Literatur spiegelt jedenfalls überwiegend ein Bild sich voneinander abgrenzenden Bereichen des europäischen Kulturkreises: in wiss-enschaftlichen Werken über Geschichte und Kultur sind fast ausschließlich ein-zelne Länder beschrieben, nicht Europa insgesamt, oder Kulturinhalte wie Philo-sophie,[8] Religion,[9] europäische Musik,[10] Geographie [11] oder Essgewohnheiten [12] als Repräsentanten des Kulturkreises. Nur in wenigen Werken ist die europä-ische Kulturgeschichte an sich beschrieben;[13, 14] die umfassendste wurde im Wien des beginnenden Dritten Reiches geschrieben von einem, dem die Dazuge-hörigkeit abgesprochen wurde.[15]

Geht der europäische Kulturkreis jetzt unter?

Prophezeit wird Europa der Untergang des Abendlandes aus kulturphiloso-phischer Sicht seit 100 Jahren.[16] Um auch dieser düsteren und unglücklichen Wortwahl gleich vorab die Pointe zu nehmen: Oswald Spengler hatte nach seinen eigenen Worten damit „Vollendung" gemeint, nicht eine Fehlinterpretation im Sinne des Untergangs eines Ozeandampfers (der sich ja im Jahr seiner Prägung des Begriffs, 1912, mit der „Titanic" tatsächlich ereignet hatte).
Der Beginn einer multikulturellen Welt, und das Ende der westlichen- damals noch europäischen – Vorherrschaft, war schon am Beginn des 20. Jh. im Ge-spräch. Der Vorgang hat also wohl auch aus dieser Sicht nichts mit dem Ende des Kalten Krieges zu tun, wie Huntington meint; er selbst zitiert diese Autoren,[17] z.B. Spengler, der mit seinem „ Untergang des Abendlandes" meinte, dass die Zeit zuende sei, da Europa, der Westen, die Überzeugung weiter ausleben könne, der Mittelpunkt des kulturellen Weltgeschehens zu sein, und dass die Zeit der multi-

---

[8] W. Böttcher, Klassiker des Europäischen Denkens, Nomos 2014.

[9] J. Lauster, die Verzauberung der Welt. Eine Kulturgeschichte des Christentums, C.H. Beck 2017.

[10] G. Gruber, Kulturgeschichte der Europäischen Musik, J.B. Metzler 2020.

[11] W. Bätzing, Die Alpen. Geschichte und Zukunft einer europäischen Kulturlandschaft, C.H.Beck 2015.

[12] J. Nipperdey, K. Reinholdt, Essen und Trinken in der Europäischen Kulturgeschichte, LIT-Verlag 2016.

[13] S. Vietta, Europäische Kulturgeschichte, Fink-Verlag 2006.

[14] A. Landwehr, S. Stockhorst, Einführung in die Europäische Kulturgeschichte, UTB, Verlag Schöningh 2004

[15] Egon Friedell, Kulturgeschichte der Neuzeit, Bd.1, Die Krisis der europäischen Seele von der schwarzen Pest bis zum Ersten Weltkrieg, DTV 2005.

[16] Oswald Spengler, Der Untergang des Abendlandes, Verlag C H Beck 1927 (Erstpublikation von Band 1 des zweibändigen Werkes war 1918, von Band 2 1922).

[17] S.P. Huntington, Kampf der Kulturen, Goldmann 2002, S. 74.

kulturellen Welt gekommen sei, eine Zeit, in der alle Kulturen gleichwertig neben der europäischen stehen.

Darin war sich auch Toynbee einig mit Spengler, wenn Toynbee von der Provinzialität und Impertinenz des Westens mit seinen egozentrischen Illusionen schrieb, dem, was man gemeinhin auch als „Eurozentrismus" bezeichnet. Oder kurz gesagt: „Untergang des Abendlandes" bedeutet „Ende des Eurozentrismus", den beide Autoren beklagen.

Der aktuelle Anlass von Sorge und Angst von Europäern um den Verlust ihrer kulturellen Identität ist zweifellos die Immigration Fremdkultureller aus sogenannten Entwicklungs- und Schwellenländern Asiens und Afrikas nach Europa als dem gelobten Land, angeregt durch Bilder aus einer besseren Welt, die ihnen die westliche Welt selbst in Form von Fernsehapparaten, Mobiltelephonen, Autos, Filmen und was nicht noch allem zu verkaufen sucht. Doch was nützt ein Auto ohne Straßen, was Kommunikation ohne Gesprächsstoff über die eigenen Lebensperspektiven? Daher brechen sie auf in diese bessere Welt, dorthin, wo dies alles schon vorhanden ist, wo man meinen kann, alles nur nehmen und davon besser leben zu können. Die Masse der vor Erwartung glänzenden Augen von Wanderern nach Europa macht den Europäern Angst. Ein Gefühl der Bedrohung macht sie zusammenrücken in eine Abwehrformation, in Angst vor dem Fremden, Angst vor Überfremdung, weil Überfremdung den Verlust der eigenen Kultur verheißt, besonders dann, wenn die Fremden ihre eigene Kultur mitbringen. Genau daran erhitzen sich nun die Debatten, öffentlich und uneingestanden: was denn das Richtige zu tun sei in einer modernen, liberalen, demokratischen Gesellschaft mit der Vision einer globalisierten Welt, deren „Andere" aus liberal-europäischer Perspektive, nämlich die anderen Kulturkreise, sich dagegen verwehren, sich nun mit aufzugeben in eine gemeinsame, globale Zivilisation ohne gemeinsame Kultur, nur weil der Westen seine eigene verloren fühlt, heimlich nostalgisch sucht, nicht findet und daher nach außen für überflüssig und nicht mehr zeitgemäß erklärt. Nur Heimatlose glauben an ein Verschmelzen bestehender Kulturkreise – oder sind sie die Einzigen mit der richtigen Perspektive?

Verschmelzen Kulturen?

Naive, überstürzte Neugier, falsch verwirklichte Humanität – was auch immer darunter jeweils verstanden wird – verleiten zu vorschnellen, keineswegs durchdachten Plänen für eine Weltgesellschaft, eine Verschmelzung der Kulturen, zumindest aber eine europäische Gesellschaft, in der alle Menschen, welcher kulturellen Herkunft immer, friedlich und freundlich *mit*einander, nicht *neben*einander leben könnten, „multikulturell" eben. Bedenkenträger aber warnen, nicht nur nach vorne zu rennen, sondern auch zurück zu blicken und zu prüfen, ob dieses Vorhaben tatsächlich Erfolgsaussichten haben kann, aus der historischen Erfahrung, aus dem in die Zukunft projizierten gesammelten Wissen über menschliches Verhalten und dessen Evolution. Die Erkenntnis daraus lautet: Kulturen können nicht einfach verschmelzen, oder sie sind keine. Wenn nun aber Diejenigen recht zu haben meinen, die von verschmelzen reden, wovon reden sie tatsächlich? Nicht etwa nur von einer Vergemeinschaftung all Jener, die ihre Kultur verlassen oder verloren haben?

Europa und die Religionen

Immer waren sie Bezugspunkt und Spender der irdischen Macht, den Griechen und Römern, den byzantinischen und den karolingischen Erben, den Usurpatoren der christlichen Kirchen und Sekten, bis jenseits der Religion, hinein ins angeblich säkulare Zeitalter mit „seinen Werten". Nicht anders verhielt es sich mit den Muselmanen in Spanien und am Balkan, auch nicht anders mit den heutigen Muslimen. Einen Unterschied machten stets die Dritten im Bund der abrahamitischen Religionen, denen erst im neuen Israel Gelegenheit dazu gegeben ist. Mit den Oiraten Kalmückiens leben am Rande Europas zwischen Schwarzem und Kaspischem Meer nördlich von Georgien auch etwa 200.000 mongolisch-sprechende Buddhisten, die unter dem „Schutz" Russlands keine religionsbezogenen Machtansprüche erheben dürften.

Was bleibt?

Was bleibt sind die Alltage, die unterschiedlichen, die in der alten Kultur verwurzelten Lebensgewohnheiten. Auch sie sind brauchbares Kanonenfutter für Usurpatoren: „wir lassen unsere Lebensgewohnheiten nicht von ungebeten hereintrampelnden Fremden durchkreuzen!" „Wir hassen Euer bestiefeltes Heimatgebrüll" – schreien die aus der Ecke der Zivilgesellschaft der Willkommenskultur als Antwort.

Und doch: beide Seiten erkennen sich in all diesen Worten wieder, die Einen frech und offen, die Anderen innerlich, heimlich, betreten über die Entdeckung des barbarisch Unaufgeklärten im Schatten jenes Raumes, den sie andererseits auch als ihre Seele benennen.

Ist „Kampf der Kulturen" wieder nichts anderes als ein vorgeschobenes Argument, eine missbrauchte Überzeugung, von Usurpatoren, die in Wahrheit nur um „die Macht an sich" kämpfen, so wie sich jeder „religiös begründete" Krieg der Geschichte unter der Lupe des Historikers als Krieg um Macht, nichts als Macht, entlarven lässt?

Auf was auch immer sich die Hintergründe der Auseinandersetzung reduzieren lassen: sie weisen auf die Wurzeln unterschiedlicher Kulturen, auf Menschen, die wie Bäume an den Wurzeln ihrer Kulturen im Boden ihrer Kulturen festsitzen. Dazu ist „Denken" derart verdrahtet, dass es uns in die Überzeugung jagt, dass wir nicht anders *wollen*, was wir in Wahrheit nicht anders *können*, eben verwurzelt, von Kindheit an.

Was also wunder, dass Migranten wenigstens mit einem Sack Heimaterde am Rücken ankommen, versuchen, sich in einem Stück fremder Erde mit der heimatlichen einzugraben, um zu überleben. – Mit welchen Folgen? Eine neue, komplexe Aufgabe für viele Zweige der Wissenschaften, weil es sich um Neues handelt, das es zu beobachten gilt.

Doch nun zu diesen Wurzeln, den lebenshungrigen, schutzsuchenden, im Verborgenen der gewohnten Erde genährten:
Die Europäer und ihr christliches Abendland, für Kulturfremde ein erstaunlicher Lustgarten unterschiedlichster Ausblühungen von Erscheinungen aus einem gemeinsamen Quell, Kraft aus einem für sie unverkennbar gemeinsamen Ursprung, auch wenn der für sie aus geheimnisvollem Grund aus dem Berg der Geschichte murmelnd sich vor ihnen ergießt: staunend schreiten sie durch diese musealen Variationen von abendländischer Architektur, Landschaft, Malerei, Musik, wissen Europa als den Ursprung all dessen, was heute die Welt bewegt und beherrscht. Das sagenhaft mächtige, prächtig scheinende und glitzernde Abendland, Weltbeherrscher der Geschichte.
Und Ausbeuter dieser Welt, und Unterdrücker, und Mörder.
Jetzt Museum mit freiem Zutritt für Jedermann?
Die globalisierte dollarsüchtige, erfolgskranke Wirtschaft und ihre Medien erwirkten, dass sich Millionen durch die engen Gassen Europas zwängen, als Touristen, als Flüchtlinge, als Möchtlinge. Der Strom wird zum Sog, von dem sich manche der Einheimischen mitreißen lassen, gegen den sich andere verzweifelt stemmen. Aus diesen Gruppen werden Parteien, Regierungen. Regierungen schweigen und schließen sich ratlos und ängstlich ein, andere schreien einander Vorschläge für Maßnahmen zu wie bei einem über sie hereingebrochenen Hochwasser. Andere hängen Plakate auf mit dem Hinweis, sie hätten schon vor Jahrzehnten davor gewarnt, man solle jetzt endlich die längst bekannten Rettungsmaßnahmen angehen.

Europa und seine Kultur. Nicht existent, weil zum Museum erstarrt? Abgestorbenes Korallenriff, weiß glänzend in erschütternder Schönheit wie die Reste griechischer Tempel? Oder Zeugen einer geistigen, immer noch und weiterhin menschenwelt-formenden Lebenskraft? Ein ausgleichend drüberfegender Nebel von dröhnendem Auto- und Flugverkehr, von chattendem Geplauder und Bildschirm-fixiertem Geglotze ebnete dies alles bisher ein, die weltweit kulturzersetzende technische Zivilisation. Was nun, wo bleibt Identität? [18]

Keine Kultur ohne instinktive Gemeinsamkeit und Identität – und Identifikation

Ich meine, all das beginnt beim Individuum, und zwar schon vor der Abgrenzung von Anderem: es beginnt als ein instinktives „Wissen um Ich-Identität an sich", bevor es sich durch Abgrenzung von Anderem als solches erkennt. Auch in Gemeinschaft scheint eine solche „primäre" Identität zu entstehen, ein „Gleich-Sein", entstehend durch das sich aneinander Abgleichen und Angleichen im Zusammenleben; sie ist die „kollektive Identität". Sie erst ist es, die durch Abgrenzung vom kulturell Anderen durch „Selbst-Identifikation" zur kulturellen Identifikation wird. Die „Identität an sich" ist also eine Art a priori angesichts Anderer, beim Individuum und bei Gemeinschaften. Erst danach kommt der Schritt des

---

[18] Weitere Gedanken hierzu siehe Band I, Anmerkung A5

Gewahrwerdens mit der Abgrenzung von Anderen, wie dies mehrfach in der Soziologie etc. beschrieben wurde. z.B. Luhmann.[19]

Eine Nation, eine Kultur, ist auch eine Masse im Sinne von Canetti, und als solche wie ein Tier instinktiver Gemeinsamkeit unterworfen, die instinktiv agiert, auf dieser Ebene aber verführbar ist. Le Bon schreibt dazu: „ ... *die Masse. Die stets an den Grenzen des Unbewussten umherirrt*".[20] S.22 Er argumentiert auch mit einer Notwendigkeit, indem er umgekehrt darauf hinweist: „*Hätten die Massen zuweilen nachgedacht und ihren eigenen Vorteil wahrgenommen, dann hätte sich vielleicht keine Kultur auf der Oberfläche unseres Planeten entfaltet, und die Menschheit wäre ohne Geschichte geblieben*".[20] S.37

Denn hiermit wird der Anschluss zur Kulturbildung beschrieben, bzw. erklärt, wie Kultur entsteht, was sie im innersten zusammenhält, und dass dieser innerste Kitt instinktiver Natur ist, etwas, das ein Kulturfremder nicht empfinden kann, weswegen er auch nicht Teil der Kultur sein *kann*; das gelingt allenfalls ab der zweiten Generation, vorausgesetzt es besteht kein großer rassischer Unterschied und besteht eindeutiger Wille bzw. Gelegenheit und kein Widerstand durch das Elternhaus.

Entgegen diesem Hinweis von LeBon bliebe der Vorteil von uns Menschen, dass nicht erst unsere Nachkommen zu sehen bekämen, dass es Strategien gegeben hätte, die man auf der Basis evidenzbasierter Politik hätte einsetzen können, ungeachtet dessen, welche sich letztlich als die bessere oder beste erwiesen hätte: kritische Analyse der beobachtbaren Welt, ihrer Geschichte und Gegenwart, befähigt uns immerhin zur Ermittlung von Plausibilitäten und Wahrscheinlichkeiten jetzt, in der eigenen Lebenszeit, nicht erst als Ergebnis eines genetischen Selektionsprozesses in ferner Zukunft. Wir können die bisherige Erfahrung von Leben auf der Erde nachdenken und daraus Schlüsse ziehen.

K4   Zu Zivilisation vs. Kultur bei Huntington

(Im folgenden Text stehen Seitenangaben mit „ES" für die englische Fassung des Buches, „The Clash of Civilizations"[21], „DS" für die entsprechende deutsche Fassung   „Kampf der Kulturen".[22])

Eine der dominierenden Publikationen unserer Zeit zum Thema Kultur bzw. Zivilisation auch im Zusammenhang mit Migration ist Huntingtons Buch „Clash of Civilizations". Die uferlose und nicht endende Debatte über seine These ist vor allem überschattet von der nebulosen Unterscheidung zwischen „Kultur" im

---

[19] Niklas Luhmann, „Sinn als Grundbegriff der Soziologie", in: Jürgen Habermas u. a. (Hg.), Theorie, Frankfurt am Main 1971, 25-100, hier 60., zit. in G. Cavallar, Die Europäische Union – von der Utopie zur Rechts- und Wertegemeinschaft, LIT-Verlag 200, S. 138.

[20] G. LeBon, Psychologie der Massen, Kröner 1982 (1895)

[21] S.P. Huntington, The Clash of Civilizations, Free Press 2002

[22] S.P. Huntington, Kampf der Kulturen, Goldmann 2002

deutschen und „civilization" im angloamerikanischen Sprachgebrauch, auch betreffend die Begriffe „Kulturkreis" und „kulturelle Identität", die man bei Huntington am besten mit „Begriffsverstimmung" charakterisiert:
Zur Definition „civilization" (deutsche Bedeutung von „Kultur") führt Huntington außer seiner eigenen Meinung eine Reihe von Feststellungen von Autoren aus verschiedenen Sprachregionen an (ES.40f). Damit schafft er ein Musterbeispiel für die globale Verständniskonfusion, nicht nur indem er „Kultur" als „civilization" bezeichnet, wie dies im anglo-amerikanischen Raum üblich ist. Denn im Text kommen Begriffe wie „cultural identity" und „civilizational identity" vor. An einer Stelle lautet der Text „*The central theme of this book is that culture and cultural identities, which at the broadest level are civilization identities, are shaping the patterns ...*"(ES.20). Der Übersetzer der deutschsprachigen Ausgabe hat diesen Satz übersetzt mit: „*Das zentrale Thema dieses Buches lautet: Kultur und die Identität von Kulturen, auf höchster Ebene also die Identität von Kulturkreisen, prägen heute ...*" (DS.19).
Die Unklarheit zwischen den Begriffen zieht sich durch den Großteil des Buches; sie wird zum Beispiel durch folgenden Satz repräsentiert: „*... a civilization is a cultural entity, outside Germany.*" (ES.41). „ *... ist eine Zivilisation eine kulturelle Größe, außer im deutschen Sprachgebrauch. Deutsche Denker des 19. Jahrhunderts unterschieden streng zwischen Zivilisation, wozu Mechanik, Technik und materielle Faktoren zählten, und Kultur, wozu Werte, Ideale und die höheren geistigen, künstlerischen, sittlichen Eigenschaften einer Gesellschaft zählten. Diese Unterscheidung hat sich im deutschen Denken behauptet, während sie ansonsten abgelehnt wird.*" (DS.51).
Abgesehen davon, dass außer Deutschland auch noch weitere deutschsprachige Länder existieren, werden die Begriffe im Laufe des Buches nicht klarer, wie z.B. auf ES.41: „*Civilization and culture both refer to the overall way of life of people, and a civilization is a culture writ [evtl. Druckfehler, und gemeint „at"] large.*" (DS.51: „*Zivilisation und Kultur meinen beide [im englischen Sprachgebrauch] die gesamte Lebensweise eines Volkes; eine Zivilisation ist eine Kultur in großem Maßstab [im Deutschen ist es genau umgekehrt – A.D.Ü."*]
Huntington weist auch auf den Franzosen Fernand Braudel (1902-1985) und seine extreme Meinung hin, wonach man unter „Kultur" nur eine Gemeinschaft von Primitiven verstehen dürfe, wohingegen „Zivilisation" für weiterentwickelte Menschengruppen anzuwenden sei; schließlich zitiert er ihn mit den Worten: „ *... ist eine Zivilisation „in erster Linie ein Raum, ein „kultureller Bereich", eine Wohnstatt", eine Ansammlung von kulturellen Merkmalen und Phänomenen. Wallerstein definiert sie [Zivilisation] als „ein spezifisches Gefüge aus Weltsicht, Sitten, Strukturen und Kultur (materieller Kultur und hoher Kultur ...* "(DS.51).
In mehreren weiteren Beispielen wird die Begriffsvermischung zur –verwirrung, weil der deutschsprachige Begriff „Kultur" als „Zivilisation" oder „zivilisational" bezeichnet wird dort, wo im englischen „civilization" oder „civilizational" steht, anstatt des für die Übersetzung ins Deutsche vorgesehenen Ausdrucks „Kulturkreis", wie z.B. in der deutschsprachigen Auflage auf den Seiten 138, 168-1, 195-1, 200, 203-2, 205-1, 212-1, 215, 217, 218, 225-2, 326-2, 495-1, 512-1, 531-1.

17

Endgültig verwirrt kann man dann vor den Worten stehen: *„Kultur ist das gemeinsame Thema praktisch aller [nichtdeutschen] Definitionen von Zivilisation.“*(DS.52). „Culture is the common theme in virtually every definition of civilization.“ (ES. 42).

Wenn „Pop-Kultur“, „westliche Zivilisation“ und „westliche Kultur“ dann in ein und demselben Satz zusammenkommen (ES.58, DS.79), wird weitgehend klar, dass hier keine Klarheit mehr zu erwarten ist. Auch weiß man sich nicht mehr konkret zu orientieren, wenn „grade of civilization“ zu „Zivilisationsgrad“ wird (ES.50, DS.65), oder wenn es auf deutsch heißt: *„Innovationen in einer Zivilisation werden regelmäßig von anderen Kulturen aufgegriffen“*, wo es im Originaltext lautet: *„Cultural fads have been transmitted from civilization to civilization throughout history.“* (ES.58, DS.79).

Endgültig schwierig wird der Dialog hierüber angesichts von Worten, die an Lippenbekenntnisse erinnern und der These des Autors und den Erfahrungen in seinem Heimatland über weite Strecken widersprechen: *„Die wesentlichen Unterschiede zwischen Menschengruppen betreffen ihre Werte, Überzeugungen, Institutionen und Gesellschaftsstrukturen, nicht ihre Körpergröße, Kopfform und Hautfarbe.“* (DS.53). Man kann sich allenfalls einigen über der Definition von Zivilisation als einem Kulturkreis, der über die Jahrhunderte verschiedene politische Systeme überdauert.

Diese vier Dinge: Kommunikation, Mobilität westliche Medizin einschließlich Hygiene und Haushaltstechnik sind bereits Teil einer universalen Welt. Dabei handelt es sich bei den Deutschsprachigen eindeutig um „Zivilisation“ – ist das die Kultur, von der man auf englisch spricht? - „Modernisierung“ führt eben zur „universalen Zivilisation“ in unterschiedlichen Kulturen und Kulturkreisen – wie drückt man das auf englisch ebenso klar aus?

Globaler Handel und Tourismus erzeugen nicht automatisch eine globale Kultur (DS.94): aber sie erzeugen eine globale Zivilisation mit Bezug auf technische Produkte, die das Leben verändern. Huntington vermengt hier die Frage nach Kultur mit jener des Kampfes und fragt, ob Handel mehr oder weniger Krieg provoziert: das eine hat mit dem anderen nichts zu tun (außer vielleicht im Frankreich des 9. Jh.'s zur Zeit der Überfälle der Normannen, s. Bd. I S. 115 [23]): denn Handel schafft allmählich eine einheitliche globale Zivilisation in den unterschiedlichen und konkurrierenden Kulturkreisen.

Insofern begünstigt Handel kulturelle Zerstörung bzw. Zersetzung, löst dadurch eine Gegenreaktion konservativer Kreise aus, wie Huntington selbst feststellt: *„In einer zunehmend globalisierten Welt ... verschärft sich das kulturelle ... und ethnische Bewusstsein.“* (DS.96) Jedoch ist nicht die Welt globalisiert, sondern die Zivilisation. Nicht die Produkte der Zivilisation rufen die Verschärfung der Distanzierung der verschiedenen nichtwestlichen Kulturkreise hervor, sondern der spürbare Dominanzanspruch des Westens und das Gewahrwerden, dass die willkommenen westlichen zivilisatorischen Errungenschaften die eigene Kultur

---

[23] L.M. Auer, Europa-Wunsch, Wahn und Wirklichkeit, Bd. I, LIT-Verlag 2020.

zersetzen. Dieses Gewahrsein bedingt in der Tat einen Konflikt – allerdings zuerst innerhalb einer betroffenen Kultur selbst: die islamische Welt mit ihrem Arabischen Frühling, ihrem internen Terrorismus in Irak und Afghanistan ist ein Beispiel. Der von dort nach außen getragene Terror ist der kämpferische Auswuchs des Zusammenpralls der Kulturkreise, allerdings innerhalb des Westens, wie in europäischen und US-amerikanischen Städten. Soweit es sich dabei um den Versuch handelt, diesen Zersetzungsprozess innerhalb der islamischen Welt an seinem Ursprung im Westen anzugreifen, ist es schizoide Attacke gegen die eigene „Verwestlichung", denn alle Terroristen nutzen westliche Techniken und Produkte in ihrem Alltag und für ihre Mordangriffe. Nicht Handel verursacht also Krieg, sondern die zivilisatorische „Verwestlichung" bzw. Globalisierung resultiert letztlich in einer *Regression* zu den Wurzeln der jeweils eigenen Kultur. Diese ist aber nicht gleichbedeutend mit einer *Aggression* gegen die anderen Kulturen. Die Gefahr, auf die Huntington damit jedoch hinweist, ist die des Auftretens politischer Usurpatoren, die es verstehen, dieses Bewusstwerden des eigenen Andersseins von Völkern zu missbrauchen, indem es manipulativ in machtpolitische Aggression umfunktioniert wird: dann allerdings ist Kampf angesagt. Er wird heute in der Tat überall wieder mit Aufrüstung und Manövern an die Wand geschrieben: die neue Macht Chinas und die beleidigte Macht Russlands gegen die alte Macht der USA und ihres noch immer nicht ganz frei gekommenen Europa.

DS.96: „Modernisierung" – ich nenne das eben anders: Technik und Wissenschaft führt zur „universalen Zivilisation", nicht Kultur! Syrer in Mossul und Iraker in Raqqa oder Deutsche in Deutschland können mit deutschen oder amerikanischen Waffen in den Händen von IS-Kämpfern getötet werden (DS.94).

Die Debatte über Faktoren zur globalen Kultur bzw. Zivilisation ist also eine grundlegend andere als jene über die Rolle von Handel für Krieg und Frieden.

DS.95: *„Das Unvermögen von Handel und Kommunikation, Frieden oder Gemeinschaftsgefühl zu bewirken, wird von den Befunden der Sozialwissenschaften bestätigt."* Auch Handel ist Kommunikation. Die Frage, die bleibt, ist also, auf welcher Ebene Kommunikation erfolgt: wenn der Herr mit dem Knecht, dann ist die Folge Hass und Krieg. „Fair Trade" wäre eine Lösung, weil er Kommunikation auf Augenhöhe bedeutet.

Der Knecht wird selbstbewusst und droht, Spartakus zu werden, und nicht nur das: er droht Europa, Völkerwanderung zu werden. Von „Wiederkehr des Sakralen"(DS.96) kann ich nichts erkennen: überall, auch im Islam, geht es nur um diesen Spartakus-Knecht, der sich diese Bevormundung durch den Westen nicht mehr gefallen lässt. Religion wird, wie jede Ideologie, immer und überall nur usurpiert.

DS.96: Ich meine, seine „Modernisierung", also Technik und Wissenschaft, ist kein „revolutionärer Prozess", sondern ein Prozess an sich, also Evolution, Ausdruck und Stufen der kulturellen Evolution, die einerseits in Schüben, andererseits auf einer e-Funktion verläuft, sich also exponentiell beschleunigt, und zwar im Überlappungsbereich zwischen Kultur und Zivilisation.

An folgendem Punkt verrät sich dann wohl die ideologische Verwirrung um „Kultur" vs. „Zivilisation" endgültig: *„Die europäische Christenheit begann im 8. und 9. Jh. als eigene Kultur hervorzutreten. Sie hinkte jedoch, was ihren Zivilisationsgrad betraf, ..."* DS.65 (engl: „European Christendom began to emerge as a distinct civilization in the eighth and nineth centuries. For several hundred years, however, it lagged behind many other civilizations in its level of civilization."-ES.50) Hier kann man inhaltlich zustimmen, muss aber begrifflich nachfragen: wenn der Amerikaner zu „Kultur" „civilization" schreibt, wie übersetzt er dann „Zivilisationsgrad"? Denn der wird in der Regel mit level of civilization oder degree of civilization übersetzt: da hinkt also eine civilization wegen ihres degrees of civilization? Hier entpuppt sich das Englische als um einen Begriff ärmer, verlegen. Deshalb unterscheidet die deutsche Sprache zwischen Kultur und Zivilisation, so wie sie es tut.

DS.78-79: Er kommt nicht zurecht, weil er nicht zwischen Kultur und Zivilisation unterscheidet: derzeit ist die Welt im Begriff, eine multikulturelle *Welt* (nicht Gesellschaft) mit universaler Zivilisation zu werden! Unterschiedliche Religionen, unterschiedliche Kulturkreise, aber: alle mit Auto, TV, Kühlschrank, Mobiltelephon, WC, Fließwasser, modernen Krankenhäusern etc. Es ist nun einmal so, dass diese Unterscheidung in Kultur und Zivilisation sinnvoll ist. In DS.79 werden die deutschen Termini verwendet, weil die Information anders nicht transportierbar ist: *„Innovationen in einer Zivilisation werden regelmäßig von anderen Kulturen aufgegriffen."*

„Das vorliegende Buch befasst sich mit jenen Kulturkreisen (=Zivilisationen) die allgemein als die großen der menschlichen Geschichte angesehen werden" (DS.54). Ich meine, man zieht sich hier aus der Affäre, indem man den deutschen Ausdruck „Kultur" als „Kulturkreis" benennt und damit „Kultur" und „Zivilisation" gleichbedeutend macht. Damit wird auch die Besprechung von Europa einfacher, indem man es als „Kulturkreis" bezeichnen kann. Das könnte man z.B, auch von den „Tigerstaaten" sagen, die ebenfalls einen Kulturkreis bilden. Man kann auch noch ganz gut nehmen und integrieren: *„Die Kulturen von Völkern wirken aufeinander ein und überlagern sich."* Ich würde zwar eher sagen: Die Subkulturen benachbarter Länder eines Kulturkreises ....

Er hatte in DS.55 begonnen, über Kulturkreise (damit meint er den sinischen, den japanischen, hinduistischen, islamischen den westlichen und den lateinamerikanischen, den afrikanischen mit Fragezeichen DS.57ff) als Zivilisationen zu reden; in diesem Rahmen sagt er jetzt: *„Weltreiche steigen auf und fallen, Regierungen kommen und gehen, aber „Zivilisationen" bleiben"* – so zitiert er Braudel. Nachgerade grotesk wird dieser Unterscheidungsversuch durch ein Zitat von Oskar Spengler, dem Deutschen, der mit den Worten zitiert wird: *„ ... Zivilisationen sind die äußersten und künstlichsten Zustände, deren eine höhere Art von Menschen fähig ist."* (DS.52), also sehr nahe an der englisch-sprachigen Definition. Man kann sich des Eindrucks nicht erwehren, dass an dieser Stelle kultureller Stolz und Eigensinn darauf beharrt, die präzisere Definition und Distinktion der anderen Seite abzulehnen, wie ein verbaler Fehdehandschuh, den man nicht umhin kann zu werfen, im Gedenken an Vorväter, Vaterland und die eigene

Überlegenheit. Schon allein diese Beobachtung demonstriert, was Huntington mit seiner These aufzeigt; allerdings eher als biologisches denn als das von ihm gemeinte kulturelle Phänomen, denn es zieht nicht zwischen den großen Kulturkreisen, sondern mitten quer durch den europäischen Kulturraum, dort, wo Briten und Franzosen den Deutschen und Österreichern gegenüber stehen wie in alten Tagen, und sich sogar innerhalb dieser Länder verliert zwischen den Regionen bis hinunter in jedes Individuum.

K5   Kritik an Huntingtons These des „Clash of Civilizations"

Über weite Strecken stimmt Menzel [24] mit Huntingtons wesentlichen Punkten entweder indirekt überein (S. 45-53 [45, 46, 51, 53]), oder er bespricht sogar direkt, weshalb und in welchem Umfang die Thesen nicht anfechtbar seien (S. 85ff); letztlich schreibt er zu Huntingtons Paradigma, „ *dass es ... auf dem besten Wege ist, sich durchzusetzen"*. [24 S.86] Auch wenn er es vielfach vorzieht, den Begriff „Kulturen" oder „Zivilisationen" durch „Ethnien" zu ersetzen, die Bruchlinien und Spaltungen verlaufen weitgehend an den gleichen Stellen; vor allem sind die Ursachen die gleichen.

Menzel zitiert Dieter Senghaas, der kritisiert, dass Huntington nicht erkläre, worin das Konfliktpotential unterschiedlicher Kulturen bestehe, und wie sich dieses in weltpolitisches Handeln umsetze.[24 S.80] Verständlich erscheint vor allem die Kritik, wonach der islamische Kulturkreis sich in erster Linie selbst nach innen attackiere,[24 S.80] sowie die weitere Kritik, wonach sich eine Auseinandersetzung zwischen West und Rest vorwiegend innerhalb des Westens abspiele [24 S.80] (dazu siehe meinen Kommentar hier unter K4)

Gibt es eine Alternative zur Huntington-These?

Wenn Menzel feststellt, dass selbst der Westen *„auf ethnisch motivierte Verhaltensmuster"* [24 S.52] zurückfalle, so klingt hier eine liberalistische Interpretation in zweifacher Hinsicht an: einmal haben Vorbehalte von „Ethnien" bis hinein in kleine Regionen, Täler und Inseln immer bestanden und wurden allenfalls übertüncht von übergeordneten Identifikationen. Zum anderen bedeutet die eigene Identifikation mit kulturellen Werten nicht, dass man deshalb „von universalistischen Normen abrückt" [24 S.53] - auch ein Patriot, ja selbst jemand, der einen christlichen Gottesstaat für eine europäische Ur-Nation fordert, kann dennoch allgemein gültige Menschenrechte achten. Die vom Rest der Welt kritisierte und bekämpfte Haltung des Westens besteht eher in einer Doppelbödigkeit, mit der man von anderen fordert, was man selbst nicht lebt.

Wenn er schließlich den gesamten Ansatz Huntingtons vom Standpunkt einer Grundüberzeugung des Autors als vollkommen unhaltbar zurückweist, widerspricht sich Menzel ausgerechnet mit diesem seinem Kardinal-Argument selbst: Menzel selbst weist in aller Deutlichkeit auf zunehmende Zweifel darüber hin,

---

[24] U. Menzel, Globalisierung versus Fragmentierung, Suhrkamp 1998.

„ ... *dass Gesellschaften auf vernünftige Weise organisierbar sind*", zitiert die Frage „*ob diese Hoffnung noch berechtigt ist ..*" und meint, „*dass eine ganze Epoche vorübergegangen zu sein scheint*", an deren Ende nun die Existenz „ *einer Scheidelinie zwischen Aufklärung und Despotie*" [24 S.7f] verloren sei, repräsentiert durch den Westen einerseits und den Ostblock andererseits. Was also rechtfertigt den globalen Anspruch eines Westens, der sich seiner selbst nicht mehr sicher ist, der sich in seiner Aufklärung gescheitert sieht? Denn er wirft Huntington vor, mit seinem realistischen Konstrukt einer wahrscheinlichen künftigen Welt gegen seine eigene Logik zu verstoßen, weist er doch selbst in seiner eigenen Analyse darauf hin, dass man gleichzeitig widersprüchliche, ja widersinnige Kräfte den Lauf unserer Zeitgeschichte bestimmen sehe, solche, die mit einem vernünftigen, durchdachten Konzept und rationaler Planung nicht vereinbar sind: Globalisierung, aber gleichzeitig Rückzug in Nation, ja sogar Region, Ultra-Ethnie.

Außerdem ist die Kritik Menzels nicht haltbar, Huntingtons Paradigma sei wegen des westlichen Anspruchs nicht haltbar: Menzel meint, die westlichen Werte verlangten nach weltweiter Einmischung zwecks Verteidigung der vom Westen deklarierten Menschenrechte, auch in Übertretung der Souveränität anderer Staaten. Aus diesem Grund sei de facto nichts anderes als ein westlich-universalistisches Paradigma akzeptabel und Huntington inkonsequent.[24 S.89] Auch der Vorwurf, kulturelle Konflikte könnten ebenso wie wirtschaftliche auf friedliche Weise gelöst werden, scheint nicht gerechtfertigt, denn nirgendwo fordert Huntington, dass dieser „Zusammenprall" verschiedener Kulturen zwangsläufig zu Kriegen führen *müsse*.

Mit seinem Hinweis darauf, dass „ ... *die Bekräftigung und Verfolgung westlicher Werte eben gerade die Einmischung weltweit ... als paradigmatischen Gegenentwurf zu Huntington die Ausweitung der westlichen Wertegemeinschaft verlangt*",[24 S.90] widerspricht Menzel seinem eigenen Argument und Vorwurf, wonach Huntington die orientalischen und germanischen Wurzeln des Westens weitgehend unterschlage, fremde Wurzeln, die zeigen, dass der Westen von seinen Ursprüngen her gar nicht so westlich ist – was ist es denn dann, womit der Westen sich weltweit einmischen müsse? Gibt es seiner Meinung nach westliche Werte, die man weltweit zu verbreiten verpflichtet sei oder nicht?

Zusätzlich verstößt Menzel selbst gegen seine Darstellung der Erkenntnis, dass sich Weltpolitik eben gerade nicht auf die Kant'sche rationale Weise aus einem Gedankengebäude in die Realpolitik übertragen lässt, dass vielmehr Chaosstiftende, irrationale Kräfte aus der Ecke des kreatürlichen Menschen entscheidend mitspielen, wo Individuen und Massen nicht von aufklärerischen Ideen sondern von Verhaltensautomatismen aus dem evolutionären Unterbau dirigiert werden. Eben dieses Phänomen irrational-instinktiver Kräfte und Massenphänomene legt aber Huntington bloß, indem er jenen sozialen Urkräften eine neue Führungsrolle prophezeit, die den Zusammenhalt und die gemeinsamen Aktionen von Menschengruppen und –massen bisher eigentlich ausnahmslos dominierten, oder, wenn sie ihrerseits von Ideologien dominiert wurden, sich ihre Macht nach einer Weile zurückholten. Dass nicht eine Ideologie, nicht das von einem Individuum ersonnene oder einer kleinen Gruppe vereinbarte Bild von einer „Soll-Welt" Wirklichkeit wird, sondern stets tiefere, ältere Kräfte entscheidend einwirken und die Richtung in die Zukunft bestimmen, ist vielleicht eine der verlässlichsten Schlussfolgerungen aus dem Lauf der Menschheitsgeschichte – sie als Lehren zu bezeichnen, käme einer nicht besonders hilfreichen Rückkoppelung gleich (siehe hierzu auch LeBon und hier K2). (Auch weitere Kritik ist nicht nachvollziehbar, z.B.[25])

Die Universalismus-Debatte

Kritiker des Westens sehen im westlichen Universalismus nichts als eine *„Fortsetzung des Kant'schen, Wilson'schen und Roosevelt'schen Idealismus* [26] *der One World, des Friedensbundes der Vereinten Nationen".*[24 S.12] Auch Fukuyama spreche mit seinem „Ende der Geschichte" im Sinne des Hegel'schen Idealismus für eine Ideengeschichte, also Ideologie umgesetzt in Realpolitik, vorbei am tatsächlichen Ablauf der Geschichte. Damit werde die Gegen-These provoziert: *„In Sicht ist nur der fortschreitende Zerfall der alten Ordnung, die neue Unordnung oder gar Anarchie der Welt".*[24 S.14]
Wieviel weltweiten Respekt und Führungsanspruch können Kulturvölker für sich beanspruchen, die mehr als die Hälfte ihrer Lebensmittel vor den Augen von hunderten Millionen hungernder Mitmenschen in den Müll werfen? Seit wievielen Jahrzehnten haben Staaten mit universalistischen Ansprüchen demokratische Regierungssysteme, nachdem sie ihre Nachbarstaaten jahrhundertelang als imperialistisch-kriegerische Eroberer und Ausbeuter missbraucht haben? Welche Wirkung also hatten jene Ideologen und Idealisten auf die eigene Geschichte Jener, die heute den Universalismus-Anspruch erheben?

Ideologie, Hegemonie und Zukunft

Beide, Fukuyama und Huntington, hatten die Diskussion auf eine künstliche Ebene verpflanzt, wenn auch auf unterschiedliche Weise, beide jedoch mit dem gleichen Fehler: Macht bediente sich immer irgendwelcher Ideologien, von denen keine absolut werden kann, weil Alles sich in einem Entwicklungsprozess befindet, in welchem sich das Leben der Umwelt anpasst. Daher hat nicht *eine* Ideologie bereits gewonnen, wie Fukuyama meint, nämlich die Westliche. Auch kämpfen künftig nicht Kulturen gegeneinander, sondern Machthaber, die sich kultureller Identitäten und Ideologien als Aufhänger bedienen. Auch jedes auf die Weltbühne strebende Land wie China und Indien tut dies gleichzeitig als eigene Kultur und als Imitator und Konkurrent der westlichen Industriegesellschaft: Alle beginnen Raumfahrt, Digitalisierung, Mobilität, Kommunikation, alle anderen Arten von Industrie, Wirtschaft und Werbung, Medien, Kino (!); das verändert allmählich ihre Kulturen – also doch letztlich „One World"?

---

[25] Nicht alle Kritik ist korrekt: Menzel moniert das Fehler einer Graphik 75, die sich im Buch jedoch sowohl in der englischen wie in der deutschen Fassung findet.
[26] Gemeint Wilsons 14 Punkte, gefolgt von der Gründung des Völkerbundes, Roosevelts Atlantik-Charta, danach Gründung der Vereinten Nationen, siehe zit. 24 S. 49.

Trotz aller Hasspredigten im Iran gegen Amerika und den Westen insgesamt kann man auch dort nicht leugnen, dass die Einführung von Wissenschaft und Technik die Nichtwestler verändert in Richtung Verwestlichung, auch wenn sie sich noch so heftig dagegen verwehren.

Modernisierung vs. Verwestlichung

Es ist nachgerade eine Selbstverständlichkeit aufgrund alltäglicher Beobachtungen eines Reisenden um die Welt: die Tatsache, dass es überall Coca Cola, Mobiltelephone und Autos gibt, ändert kurzfristig nichts an regionalen Kulturen. Es erstaunt also nicht, wenn Menzel dies bestätigt: *„Trotz weltweiter Modernisierungsprozesse bildet sich keine universale Kultur und damit auch kein universalistisches Wertesystem aus"*,[24 S.76] bestätigt, dass sich *„ ... der Ferne Osten industrialisiert ... , ohne dabei allerdings gleichzeitig zu verwestlichen"*,[24 S.83] und darin mit Huntington übereinstimmt.[24 S.86] Andererseits ist allzu klar, dass der Umfang an Modernisierung im Laufe einiger Generationen alle anderen Kulturen unweigerlich ändern muss, weil Mobilität und Kommunikation die Lebensgewohnheiten massiv beeinflussen. Änderungen ereignen sich in verschiedenen Lebensbereichen auf äußerst unterschiedliche Weise: ein arabisches Großstadtzentrum besteht aus Gebäuden wie in USA; aber die Menschen tragen notorisch traditionelle Kleidung. Sie gehen zu Hause durch westliche Shopping Malls, aber sie essen ihre traditionellen Gerichte. Sie fahren in deutschen Autos zum Freitagsgebet in der Moschee, und müssen wahrscheinlich beim Ausziehen der Schuhe ihre Mobiltelephone abstellen. Fährt man in New Delhi oder Kalkutta im Taxi auf einen Spaziergang zu einem öffentlichen Park, kämpft sich der Fahrer durch ein zwar ausgesprochen orientalisches, aber immerhin dichtes Verkehrsgewühl, so dicht wie sonst nirgendwo auf der Welt; betritt man dann den Park, ist man umgeben von einem bunten Bild traditioneller Trachten wie vor 100 Jahren und wahrscheinlich auch davor. Und vor allem: eines haben alle Regionen abseits des Westens gemeinsam: sie bewaffnen sich mit modernen westlichen Waffen; dieser Anteil an Modernisierung wird allenthalben offenbar derart selbstverständlich gefunden, dass er kaum je Erwähnung findet.
Fazit: wir befinden uns in einer Phase radikaler Modernisierung aller Länder der Welt, verbunden mit einem sehr langsamen globalen kulturellen Wandel mit einerseits ungewissem Ausgang. Andererseits aber lehnen die nicht-westlichen Länder den universalistischen Anspruch des Westens ab, den der Westen, aus dieser Entwicklung jedenfalls bisher ableitete, die USA weitgehend auch im Sinne eines hegemonialen Anspruchs.

Der Expertenstreit um die Zukunft der Welt

Während sich einerseits Huntington's These vor unseren Augen zu verwirklichen scheint, mit anhaltenden militärischen Konflikten innerhalb islamischer Sekten, die seit Mohammeds Hinscheiden in Wahrheit Machtsekten sind. Der Kampf zwischen islamistischen und nichtislamistischen Parteien, ist z.B. in Syrien zu einem Stellvertreterkrieg der alten Machart geworden. Fast schon wieder Kalter Krieg, Rückfall in die alten Muster von Machtspiel, also weder

Frieden noch Kampf der Kulturen, sondern ein zunehmend forderndes gegeneinander Aufbäumen von Sekten und Kulturkreisen? Insoferne wäre also derzeit Huntington mehr Realismus zuzuschreiben, wie auch Parker bemerkt,[27] jedenfalls mehr als Fukuyama, der eher von der Annahme einer friedlichen Lösung ausgeht, als dass er hierfür Fakten vorlegen könnte. Huntington schloss ohnehin nicht aus, wie auch Georghiou bestätigt,[27 S.9] dass eine Entwicklung dazwischen plausibel ist: *„Huntington, on the other hand, in terms of a realist orientation, warns about the potentially disastrous effects of an arrogant and naïve democratic imperialism. Huntington (1996:87-88;100;191) does acquiesce somewhat when he states that he cannot preclude the possibility that the long-term effect of technological and economic modernization might be instrumental in dissolving traditional social forms and thereby generate exactly the sort of cultural individualism long familiar in the West."* Im Grunde hat Huntington jedenfalls Recht mit seiner psychologischen Einschätzung, dass die von Fukuyama propagierte positive Siegeransicht: „hier kommt der Westen, unsere Zivilisation wird Euch machen wie wir", aufstampfenden Stolz hier und Eifersucht dort auslösen und damit neue Konflikte provozieren würde. Ob man diese Auseinandersetzungen dann als Kampf der Kulturen bezeichnet oder als Stellvertreterkampf aller Machtblöcke unter dem Vorwand des Kulturkampfes, kann als sekundäres Thema diskutiert werden. Jedenfalls ist heute weder chinesischer noch russischer oder indischer und arabischer Nationalstolz zu überhören. Innerhalb all dieser Blöcke gibt es aber Risse, die wieder an Huntingtons These erinnern, dort, wo innerhalb von Nationen Risse entlang der alten religiös-kulturellen Grenzen entstehen.

K6 Reckwitz's Hyperkultur

Den Fortschrittsglauben der liberalen Gesellschaft bezeichnet Reckwitz als religiöses Erbe einer Heilsgewissheit der Moderne.

Ist dieser „Fortschrittsglaube" mit seiner Illusion von Grenzenlosigkeit nicht doch auch ein Wahn, eine eher bereits paranoische denn eine paranoide Verkennung jener Wirklichkeit, die uns zwar täglich umgibt, jedoch mit Hilfe einer Glaubensbrille quasi unsichtbar gemacht wird, Scheuklappen, die nur noch das Traumbild von ewigem Wachstum bei grenzenlosen Ressourcen sehen machen? Denn als „Illusion" bezeichnen wir eher eine Vorstellung, die unplausibel, wenn auch theoretisch möglich wäre, wohingegen „ewiges Wachstum" nur als kranke Vorstellung bar jeglichen Wirklichkeitssinns diagnostiziert werden kann. Allenfalls wäre noch an Suchtverhalten zu denken: Abhängigkeit von unstillbarer Gier nach Befriedigung.
Reckwitz diagnostiziert das emotionale Gemenge im kollektiven Unbewussten der Krise der Gegenwartsgesellschaft als „Dystopie" und Nostalgie" und schlägt

---

[27] Parker 2002, zitiert bei C. A. Georghiou, Unexpected convergence: The Huntington/Fukuyama debate. eisa-net.org/be-bruga/eisa/files/events/warsaw 2013/GEORGHIOU%20Huntington-Fukuyama%20Sept%202013.pdf, Abschnitt 4.

„Desillusionierung" ohne Pessimismus als Lösung vor, spricht von „eingebette-
tem Liberalismus" und „kollektiver Identität", setzt Begriffe ein, die dann wenig
konkret verständlich werden. „Illusionslosigkeit" als Tugend und „nüchterner
Realismus" als weitere Vorschläge sind zwar potentiell anwendbar, stellen aber
Grundeinstellungen ohne Sozialmoral dar und bleiben ohne Handlungsvor-
schläge.

Als „Hyperkultur" bezeichnet Reckwitz die globale Nivellierung und Absonde-
rung neuer Schichten der Wohlstandsgesellschaft, die in ihrem Hedonismus nur
noch gemeinsame individualistische Interessen als soziale Bindung und Abgrenzung von anderen Gruppen sehen, ohne nationale oder sonstige politische Ban-
de, als „Sozial-Hedonismus" also.

Besonders erschütternd wird diese Beschreibung wieder, wenn er davon spricht,
wie der Kapitalismus bzw. die freie Marktwirtschaft *„immer neue kulturelle Güter
in die Welt setzt und bestehende lokale Kulturen für sich nutzbar macht"*. Kultur
als Beschreibung des interindividuellen Umgangs in Menschengruppen und
deren Ausdruck in der Gestaltung und Ordnung ihrer Umwelt wird zu einer Konsumkultur. Die Marktwirtschaft setzte den Menschen Suchtbrillen auf, die be-
wirkten, dass sie die Welt nicht mehr sehen, sondern nur noch jene Produkte, die
sie kaufen sollen: Urlaub, Lebensziele, Partner, Designerkinder ...

Alles in Allem wird aus dem Text in erschreckender Weise herausziseliert, wie
sich nicht nur Gesellschaften in wahnhafter Verkennung von ihrer Umwelt unabhängig wähnen, sondern auch Individuen von ihren Gesellschaften. So wie
Tamerlan (s. Bd. I, A89) nichts von Gnade und Barmherzigkeit wusste, so kennt
auch die „Natur" keine solche Sprache.

Reckwitz spricht von einer „realistischen Sozioanalyse", die nicht „moralistisch"
ist und Parallelen zu Freud aufweise. Wo ich mit ihm übereinstimme, ist sein Vorschlag, *„die Paradoxien und Ambivalenzen sichtbar zu machen, dadurch auf sie
reflektieren zu können und über diesen veränderten Blick auf die Lage der Dinge
realistische Schritte zu ihrer Veränderung zu ermutigen"*. – Aber dieser veränder-
te Blick auf die Lage der Dinge ist seit Platons Schriften „aktenkundig" und in
einer Vielzahl von gedanklichen Prozessen erarbeitet worden, zuletzt aus
human-ethologischer Sicht, davor von einer inzwischen langen Reihe von Autoren aus der Sicht unterschiedlicher Disziplinen. Gegen eine zusammenfassende
Neuauflage in der Sprache der Gegenwart wäre selbstredend kein Einwand ver-
nünftig – ich selbst tue mit meinen Texten nichts anderes – aber zu einer *„Veränderung zu ermutigen"*, von der bereits Alle spüren, dass sie aufkommt, ja unab-
wendbar kommen *muss*, ist nicht hilfreich: denn sie kommt von selbst, diese Veränderung – meist diktiert von der Umwelt. Wir, die Menschen, harren jedoch auf
eine Richtungsweisung für eine menschengemachte Veränderung, einen Akti-
onsplan, der uns beschäftigt und damit die Angst verdrängt, den derzeitigen
Sachzwang beiseiteschiebt, so wie dies die „Corona-Krise" in magischer Selbstverständlichkeit bewirkte.

In seiner Diagnose der „Spätmoderne" spricht Reckwitz von einer *„Transforma-
tion von der Gesellschaft der Gleichen zur Gesellschaft der Singularitäten"*. Die
„Spätmoderne" beschreibt er als gefährdete Gesellschaft mit Konflikten bis hin

zur Polarisierung – also keine Empfehlung, sondern Deskription, Versuch, die gegenwärtige Entwicklung zu verstehen, nicht aber, sie zu ändern. Mit „Gesellschaft der Singularitäten", mit „Individualität" und „Partikularität", mit „radikalisiertem Individualismus" wird lediglich der Weg ins Chaos beschrieben, in der „wir Alle König sind", der Weg in die soziale Desintegration, also das Ende. Denn „Singularisierung" ist nichts anderes als ein Begriff für eine Masse ohne Abhängigkeiten und ohne Ordnung, also ohne Struktur, eine Umschreibung von „Chaos". Die „Singularisierung" ist nichts als das Epiphänomen eines Wahnbildes, erzeugt von der Werbetätigkeit einer entfesselten und unkontrollierten Marktwirtschaft.

Mit seiner Charakterisierung von Kultur mit ihrem „Innen- Außen-Dualismus" bzw. „imagined community" bezeichnet er gleichzeitig den komplizierten Vorgang zwischen Kulturkreisen in unseren Tagen, deren Eigenheiten in der Modernisierung verloren zu gehen drohen. Die Verteidigung, der Konflikt, repräsentiert eine Angstreaktion davor, a) den Halt in der eigenen Lebenswelt zu verlieren, b) von einer fremden Macht auf eine Art einverleibt zu werden, einer Macht, die nicht nur mit ihrem Militär anrückt, sondern vor allem mit ihrer universalistischen Überzeugung, dass nur *ihre* Lebensweise und -ordnung für alle Kulturkreise der Welt Gültigkeit haben könne. Die gegenwärtige Konfliktsituation ist also eine Antwort auf die Durchmischung der Ethnien in manchen westlichen Regionen, aber auch auf den globalen Hegemonieanspruch der USA, der durch den Wegfall der Sowjetmacht plötzlich konkurrenzlos und moralistisch fordernd dastand, ummäntelt und glorifiziert durch die Vereinten Nationen als Gralshüter dieses Westlich-imperialen Anspruchs.

Bei seiner Diskussion des Kulturbegriffs berücksichtigt Reckwitz allerdings nicht, dass es zwischen dem anglo-amerikanischen und dem kontinentaleuropäischen bzw. deutschsprachigen Bereich ein unterschiedliches Verständnis von Kultur und Zivilisation gibt (siehe hier K4 und K5); gleichwohl zitiert er aus beiden Bereichen.

„Hyperkultur" nennt er das globale Reservoir von Ressourcen zur individuellen Selbstverwirklichung. Was er damit jedoch andeutet ist der Umstand, dass Menschen in westlichen Metropolen ihrer Kultur, aus der sie kommen, verlustig gegangen sind, und nun hedonistisch ihrer Selbstverwirklichung nachrennen, kulturbewusstlos. Seine „Hyperkultur" ist die global verbreitete Techno-Zivilisation der Mobilität, Haushaltstechnik und Kommunikation, die sich flechtenartig über alle Kulturkreise der Welt gelegt hat, nicht deren tatsächliche Kultur, soweit sie darunter nicht bereits abgestickt ist. Er selbst beschreibt diese Hyperkultur als Kollusion von Kaufgütern und Konsumenten. Wer sich jedoch in Indien, Europa, China, Oberägypten und Zentralafrika umsieht, der bemerkt, dass es zwar diese Techno-Zivilisation gibt, soweit sie jeweils erschwinglich ist, dass jedoch die Kulturkreise als Basis nicht nur existieren, sondern sich auch immer aggressiver voneinander abgrenzen, vor allem China, Russland und die arabischen bzw. muslimischen Staaten. Von einem „Kosmopolitismus" von Kultur ist hier gewiss keine Rede, besonders dann nicht, wenn man obendrein von einer „offenen Haltung für die Diversität kultureller Praktiken" spricht – man stelle sich hier nur die Verachtung mancher praktizierender Muslime der arabischen Welt gegenüber dem degenerierten Westen vor. Inwieweit es dabei um Macht oder Vormacht geht, liest man sogar von den Konflikten zwischen Sunniten und Schiiten ab, nicht nur zwischen China und dem Westen.

Wenn er dann meint, Hyperkultur sei nicht kollektivistisch, sondern individualistisch ausgerichtet, dann wird endgültig klar, dass er hier nicht von Kultur spricht, sondern von deren Niedergang bzw. Nichtexistenz. Es ist als wollte man vom Fliegen von Vögeln sprechen, die gar nicht fliegen können, weil sie keine Flügel mehr haben. Wenn von Simmels Kultivierung einer „subjektiven Kultur" die Rede ist, dann wird nur nicht verstanden, dass es schon seit über 100 Jahren ein Diktat des Kapitalismus gibt, der jeglicher Kultur ein Ende zu bereiten im Gange war und ist, indem er den Begriff „Konsumkultur" einführt, jedes Individuum zu seinem Konsumsklaven macht und sich dafür mit seiner professionellen Werbung die Methodik der Glaubensstrategien der Religionen zunutze macht. In erschütternder Weise werden Menschen in dieser „Hyperkultur" beschrieben, die nicht erkennen, dass sie in ihrem Wahn einer einzigartigen Selbstverwirklichung durch Erwerb einer Ansammlung bestimmter Güter nichts anderes sind als dumme Opfer eines ruchlosen Raubkapitalismus. Letztlich stellt man auch eine gewisse Vermischung der Begriffe „Modetrend" und „Hyperkultur" fest. Im Untergrund der Modetrends basierten Kulturen stets auf Entitäten, die sich nicht von einer Generation zur anderen ändern, sondern in Jahrhunderten oder Jahrtausenden.

Alle fundamentalistischen Strömungen – von Regionalkultur bis Terrorismus, i.e. die kollektiven Identitäten - , bezeichnet Reckwitz als „Kulturessenzialismus", Identitäten, die sich „gegen die Hyperkultur" – also die „Ich-Kultur" in Stellung bringen. Er meint „Kulturessenzialismus ist ein Kommunitarismus",[28] zusammengesetzt durch das „Ingroup-outgroup" System. Aus evolutionärer Sicht kann es jedoch nur den „Kommunitarismus" geben, wohingegen die „Singularität", vertreten durch eine globale Masse in einer „Hyperkultur", ein Wahnbild ist, eines, das ohnehin niemand konsequent lebt, jedenfalls in Wahrheit niemals konsequent lebt, weil Alle in Abhängigkeiten geraten, die sie dann eben opportunistisch bearbeiten, also versuchen zu nehmen ohne zu geben, bis sie selbst Opfer einer solchen asozialen Tat werden. Vor allem sind a priori – eben aus biologischer Sicht – Alle, auch wenn sie den opportunistischen Weg der Singularität gehen, gleichzeitig auch Kommunitaristen, sobald ihr Territorium in Gefahr gerät, sei es privat, beruflich oder national. Viele leben gleichzeitig in einer Singularität und in einem Gemisch von Kommunitarismen, entsprechend den Massenzugehörigkeiten von Canetti. Vor allem passt sich jedes hedonistische Individuum gleichzeitig instinktiv in eine Gruppenhierarchie ein und wird damit Teil einer Gruppe, einer Masse, einer sozialen Machtstruktur.

Im Essenzialismus widerspricht er sich auch, indem er einerseits ein ethnisches Gemisch, andererseits die Herkunft als Essenz definiert.

---

[28] Kommunitarismus lebt von einer „imagined community", wie Benedict Anderson es formulierte

Auch Globalisierung als angebliche Identität der Singularisten ist nicht echt, sie entspricht in der Wirtschaft eher einem normannenhaften Raubvagabundieren, jenem Ausbeuten der Welt draußen, über die man entweder die Kontrolle hat, oder die sich wegen der Gier auf Gegengaben ausbeuten lässt – oder ausbeuten lassen muss, wenn der Gabenempfänger ein Autokrat im Entwicklungsland ist.

Reckwitz meint, viele Kommunitaristen empfänden sich als „Modernisierungs-verlierer". Viele Menschen in ländlichen und anderen nicht-metropolitanen Regionen pflegen jedoch ihren Patriotismus und ihre Traditionen, obwohl sie an der Modernisierung und am Wohlstand vollen Anteil haben. Er spricht hier also eher von Randgruppen, die tatsächlich Verlierer sind, von Zurückgelassenen, die sich an den Rändern zusammenrotten als Linke, Rechte, Migranten etc.

Ich sehe hier den Versuch, sozusagen als Nachfolgegeneration von Autoren wie Canetti, dem Phänomen der Massenbildung einen Schritt näher zu kommen. Dabei meint er, es handle sich in erster Linie – auch wenn es historische Vorgän-ger wie den Nationalismus des 19.Jh. gibt - um ein Phänomen der von ihm so be-nannten Spätmoderne. Dieses Konstrukt von Singularismus und Kommunita-rismus ist aber nur ein Abbild der immer schon bestehenden Konfliktsituation zwischen Ich und Gesellschaft in einer Zeit, da das politische System der liberalen Demokratie dem Ich mehr Freiraum zubilligt, als es der Überlebbarkeit einer Gemeinschaft entspricht. Singularismus, Hedonismus auf soziologisch, ist nun einmal eine Wahnkrankheit, die auf längere Frist nicht überlebbar ist, ein Wahn, in dem die andauernde gegenseitige Abhängigkeit im Anmarsch auf eine isolierte Selbstverwirklichung ignoriert wird.

K7 Kritik der „Multikulturalität"

Multikulturelle Welt und multikulturelle Gesellschaft - Ein Missverständnis vorab

Dass „Multikulturalismus" die Namensgebung einer Vorstellung ist, die in der wirklichen Welt nicht existiert, wurde schon mehrfach in der Literatur klarge-stellt.[29, M&D] Huntington leitet die Diskussion ein mit den Worten: „ ... *monokultu-relle Gesichtspunkte verlieren jedoch in einer multikulturellen Welt zunehmend an Relevanz und Brauchbarkeit ...*".[30] Damit weist er den Weg an den Beginn eines seit gut einem Jahrhundert gewollten Missverstehens: der Begriff „multikultu-relle Welt" kam als Irrläufer auf die nationale Ebene und wird dort in den Begriff „multikulturelle Gesellschaft" umfunktioniert. Während eine multikulturelle Welt selbstverständlich ein Nebeneinander von verschiedenen Kulturen bedeu-tet,[31] die eindeutig getrennt voneinander leben, versucht man daraus eine „multikulturelle Gesellschaft" zu machen, in der Menschen verschiedener Kultu-ren miteinander leben sollen – was unmöglich ist. Multikulturelle *Welt*", schon

---

[29] U. Menzel, Globalisierung versus Fragmentierung, Suhrkamp 1998, S. 51f
[30] S.P. Huntington, Kampf der Kulturen, Goldmann 2002, S. 74.
[31] Mit der Option zum Miteinander

zu Beginn des 20. Jh. im Gespräch, ist heute politischer Alltag, „multikulturelle *Gesellschaft*" ist hingegen ein politisch-ideologisches Fehlurteil und existiert nicht. Dazu kommentiert Huntington: „ *... Illusionen und Vorurteile ... leben fort und treiben Ende des 20. Jh. neue Blüten in der verbreiteten und provinziellen Einbildung, die europäische Kultur des Westens sei jetzt die universale Weltkultur*",[30] S.75 und kritisiert damit Fukuyama's Universale Schöne Neue Welt. Der Biologe und Verhaltensforscher Eibl-Eibesfeldt beruft sich auf eine Reihe weiterer Autoren, die seine Beurteilung der Lage teilen, wenn er schreibt: *„Aus unseren bisherigen Ausführungen dürfte aber wohl deutlich geworden sein, dass der Aufbau einer multikulturellen Immigrationsgesellschaft in einem relativ homogenen Nationalstaat problematisch und eigentlich nicht zu verantworten ist. Man darf nicht „Experimente mit Menschen" anstellen, die den inneren Frieden und damit den Fortbestand der freiheitlichen Demokratie gefährden. Es ist ferner höchst widersprüchlich, wenn man auf längere Sicht die eigene ethnische Identität aufs Spiel setzt und zugleich für kulturelle Vielfalt eintritt ...*"[32] Im Anhang kommentiert er dann, dass solche Äußerungen 1993 von politischer Seite als „Propaganda mit ausländerfeindlichem Tenor" bezeichnet worden sei. Soviel zum diesbezüglichen Konsens-Niveau in Deutschland vor etwa 30 Jahren.

Das unterschiedliche Bevölkerungswachstum ist ein weiterer überdeutlicher Hinweis: Ein sehr interessanter Spiegel der demographischen Entwicklung ist die Sprachverbreitung: 1958 sollen 9.8% (4,2%) der Welt englisch (deutsch) gesprochen haben, 1992 7.6% (2.0%);[30] S.82 ebenso wie die quantitative Verschiebung zwischen den Religionsgruppen: die islamische wuchs in diesem Zeitraum doppelt so viel wie die christliche, die Gruppe ohne Bekenntnis im Westen stieg von 0% auf 20%; seine Schätzung für die Weltbevölkerung im Jahr 2025: 30% Islam, 20% Christentum.[30] S.90ff

„Multikulturelle Gesellschaft" wurde politisch und medial trotz ihrer Nichtexistenz zunehmend heftig diskutiert und von allen Seiten beschworen, Dementsprechend kann bis heute niemand eine eindeutige Definition davon geben. Durchforstet man Literatur, Presse und politische Statements zu diesem Thema, so stellt man fest, dass der Begriff „Multikulturalität" allenfalls für eine Diskussion steht, wenn nicht für einen Streit, in dem Einzelne ihr Verständnis von „Multikulturalität" ausdrücken, das sodann von Anderen kritisiert, zerlegt, verhöhnt oder unterstützt wird.[33, 34] Allenfalls haben alle diese individuellen Definitionen *eine* Gemeinsamkeit: sie beschreiben, was Multikulturalität sein sollte, sein muss oder nicht sein soll oder darf, aber keineswegs, was sie konkret *ist*, wie sie geplant, geregelt und geordnet gelebt werde.

Nun muss man sich vorstellen, dass es Menschen gibt, die in diesem Szenario seit mehreren Generationen leben müssen, friedlich leben sollen, nicht diskutieren,

---

[32] I. Eibl-Eibesfeldt, Wider die Misstrauensgesellschaft. Streitschrift für eine bessere Zukunft. Piper 1994, S.155.

[33] http://news.bv. Chr. .co.uk/1/hi/uk/3600791.stm

[34] bpb.de/politik/grundfragen/sprache-und-politik/42726/das-missglückte-wort?p=all

oder gar streiten, sondern einfach leben. Die Unmöglichkeit hierfür erleben wir
nun jeden Tag durch all die Spannungen, die aus den neu entzündeten Diskus-
sionen anlässlich neuer Migrationswellen sprühen. Damit ist ein Teil von Sinn
und Ziel und Zweck dieses gegenständlichen Textes beschrieben: ein Versuch,
Ordnung in ein chaotisches, europaweites Stimmengewirr zu bringen, das aus
parteiischen Interessenskundgebungen, Abwehrreaktionen und vielen falsch-
oder fehlinformierten Beiträgen besteht, aus dem niemand mehr erraten kann,
ob es noch jemanden gibt, der den politischen Überblick bewahrt hat, jemand
ohne machtpolitisches Interesse und ohne ideologisch- zwanghafte Überzeugtheit mit dem Ziel, diese chaotische Situation für eigene Interessen auszunutzen.
Was man seit dem Jahr 2015 sehr deutlich wahrnimmt, ist das auffällige Schweigen auf der Ebene der Europäischen Union, allenfalls ein betontes Leisetreten,
um nicht auf sich aufmerksam zu machen und damit zu ermöglichen, dass man
gefragt wird: Was nun, EU? In diesem Schweigen ist auch ein weitgehend unauf-
fälliges Agieren inbegriffen, das von internationalen humanitären Einrichtungen
mitunter leichtfertig als verantwortungslos und pharisäerhaft kritisiert wird.

Die Unsicherheit rund um Einwanderung drückt sich dementsprechend im Umgang mit Begriffen aus: nachdem man in der deutschen Politik über verschiedene
Bezeichnungsmöglichkeiten gestritten hatte, um den Ausdruck „Multi-Kulti" zu
ersetzen, bezeichnete die Deutsche Bundeszentrale für politische Bildung den
Vorgang seit 1955 in einer Publikation aus 2014 als „Entwicklung zur multi-
ethnischen Gesellschaft".[35] Gleichzeitig nannten Politiker den zaghaften Versuch
eines Minimalkonsens „Deutsche Leitkultur", während die Briten „Britishness"
betonten und die Franzosen darauf hinwiesen, dass erfolgreiche Multikulturalität darin bestünde, dass Immigranten einen Teil ihrer kulturellen Identität auf-
geben; sehr viele Franzosen verstehen heute noch unter Immigration ihren
klassischen Wahlspruch: „ A Rome fais comme les Romains" – Lebe in Rom wie
die Römer.[36] Im Gegensatz dazu wird „Multiculturalismo" in Italien – bis kürzlich
Auswanderungs-, nicht Einwanderungsland - dementsprechend theoretisch
interpretiert als „Zusammenleben von Menschen verschiedener Kulturen, die
alle ihre eigene kulturelle Identität behalten".[37] Sie alle sprechen also von Multikulturalität, unter der Deutsche, Briten und Franzosen aber „Integration" oder
„Segregation" verstehen und damit eingestehen, dass „Multikulturalität" stets
nur ein Lippenbekenntnis war, dessen Unsinnigkeit man erst gar nicht reflektieren brauchte, weil man es ohnehin nicht ernsthaft meinte.
Italien, so wie auch Griechenland weitgehend von der EU im Stich gelassen mit
dem Ansturm, zeigte jahrelang kaum eine öffentlich wahrnehmbare Auseinandersetzung mit seinem sozialen Problem, bis es sich in der Bewegung nach rechts
zu entladen begann. Auch in allen anderen europäischen Ländern, nicht nur in
den Visegrád-Staaten, drückte sich schließlich der Unwille der Bevölkerungen

---

[35] R.Geißler, Sozialer Wandel in Deutschland: Migration und Integration.
   bpb.de/izpb/198020/migration-und-integration, abgefragt am 02.11.2016.
[36] https://fr.wikipedia.org/wiki/Multiculturalisme, abgefragt am 18.03.2017.
[37] https://it.wikipedia.org/wiki/Multiculturalismo, abgefragt am 18.03.2017.

durch diesen politischen „Rechtsruck" aus, im Unwillen, die zunehmende Durchmischung in sogenannte multikulturelle Gesellschaften mitzutragen: AfD in Deutschland, Front National in Frankreich, UKIP in UK, PVV in den Niederlanden etc. weisen darauf hin.

Auch Großbritannien hat eine lange und umfangreiche Immigrationsgeschichte, vorwiegend im Zusammenhang mit seiner Kolonialanamnese.[38] Im Gegensatz zu den Niederlanden hat dort das politische System den Ausgang eines Volksentscheides sogar so weit getrieben, dass das halbe Land aus dem Verbund der EU austreten wollte und dies auch durchsetzte; die andere Hälfte musste widerwillig mitgehen; dies, obwohl gerade Großbritannien wegen seiner Kolonialgeschichte einigen Grund hätte, sich gemeinsam mit seinen einstigen Kolonial-Rivalen um ein starkes Europa in einer gerechteren Welt zu bemühen. Viele Briten haben ihre wahre Einstellung zur erklärten Liberalität ihres Landes mit dem Brexit-Votum verraten (soweit dies nicht schon mit der Powell-Affäre klar genug war, siehe Band II). Auch in UK gibt es Rechtsradikale (nicht nur UKIP, sondern auch die English Defence League und arisch-radikal rassistische Gruppen wie Westernspring [39]). Zur neuen Migrationswelle verhalten sich die Briten ähnlich wie die Visegrád-Staaten, nur leiser, mit zunehmend strengen Grenzkontrollen,[40] bezeichnen sich aber weiterhin als multikulturell und offen, obwohl die Immigration nirgendwo in Europa strenger kontrolliert wird.

Diese Strömungen sind ein Ausdruck der wirklichen sozialen Situation, meist im Gegensatz dazu, was die bürgerlichen Parteien bis 2015 als multikulturelle Zukunft ihrer Länder beschrieben. Soziologische Analysen in allen europäischen Ländern ergeben dasselbe Bild: Zuwanderer aus fremden Kulturen leben in Parallelgesellschaften im Rahmen des jeweiligen Staates als rechtlichem Überbau.[40, 41] Manche, die heute in die Debatte um „Multi-Kulti" eingreifen, vergessen zu unterscheiden zwischen „Kultur" und „Nation", vermengen damit Nationalismus mit „Kampf der Kulturen", ähnlich wie andere diesen Kulturkampf als „Rassismus" [42] verkennen und damit ein verworrenes Stimmengewirr Verwirrter noch erfolgloser machen.

Aktiviert wurde diese politische Willensabwesenheit durch rechtspopulistische Parteien, die mit der Angst der Menschen in dieser politischen Unsicherheit spielen und Klarheit zu schaffen versprechen, indem man einfach alles Fremde beseitigt, ausräumt – der nächste an dieser Stelle zu erwartende Ausdruck stammt aus nationalsozialistischer Zeit und erklärt, warum diese Lösungsvorschläge als faschistisch bezeichnet werden. Einfache Lösung: Angstursache weg,

---

[38] https://www.teachingenglish.org.uk/sites/teacheng/files/multicultural.pdf
[39] http://www.westernspring.co.uk/the-coudenhove-kalergi-plan-the-genocide-of-the-peoples-of-europe/, abgefragt am 17.03.2017.
[40] L. Smith, Multicultural Britain.
aboutimmigration.co.uk/multicultural-britain-what-does-mean.html
[41] A. Heath, Has Multiculturalism failed in the UK?
theguardian.com/commentisfree/2012/aug/10/multiculturalism-uk-research
[42] Hassmails gegen Multikulti-Fest, http://www.taz.de/!5052227/

Angst weg. Aber: Radikalisierung hier. Diese „Radikalisierung" kennen wir jetzt
Alle aus dem Medien-Alltag. Rechtspopulisten schicken also das Volk in eine
Radikalisierung, die das Volk schon von Ereignissen der vergangenen Jahre bis
zum heutigen Tage kennt: IS-Kämpfer in Nahost, Terroranschläge zu Hause. Alle
haben erfahren, dass Radikalisierung dieser Kämpfer und Terroristen eine Folge
von deren Ausgrenzung ist, Ausgrenzung bei uns, durch uns. Also Radikalisierung am Ende des Denkprozesses um die Frage „was ist Integration". Radikalisierung perspektivloser Jugendlicher bei uns ist Folge unseres Desinteresses an
deren Integration, so lange, bis diese Ausgesperrten durch die Hintertür wieder
hereinkommen. Mit einer Waffe in der Hand. Und nichts als Rachegedanken im
Kopf. Über jeden Plan für das eigene Leben hinaus nichts als Rache.
Wer diese Art Leben bei uns verhindern will, Kampf im Alltag gegen unliebsame
Mitbürger, so wie in Nahost, muss "Rechts" wählen, so meinen die Rechtspar-
teien. Aber bei allen scheinbar eindeutigen Meinungen in diesem zunehmend
aggressiven sozialen Umgangston bleibt ein Problem dazwischen liegen: Wer
gegenteiliger Meinung ist und für freie Migration in einer globalisierten multikulturellen Welt eintritt, wird bei Betrachtung der Faktenlage nicht umhinkom-
men sich einzugestehen, dass diese Rechtsradikalen eine Reaktion auf solchen
Liberalismus sind. Wer beides nicht will, muss sich wohl oder übel als Bürger
seines Landes um diese Integration mitbemühen. Damit sind wir aber zurück zu
unserer Fragestellung: wie wollen wir in Europa künftig mit Migration und der
resultierenden „Integration" umgehen? Denn „Multikulturalität" ist eine nicht
existente Pseudo-Konstruktion.
Migranten der dritten Generation stehen mittlerweile da und sagen: was wollt
ihr, ich bin Bürger dieses Landes, aber ich wähle in meinem ursprünglichen
Heimatland gegen Demokratie. Sie sagen: ich bin Muslim, und nach den Gesetzen
meines neuen Heimatlandes darf ich meine Religion hier frei ausüben. Dazu
muss ich mich korrekt anziehen und brauche eine Moschee. Angestammte blik-
ken beängstigt auf, andere aufgeschreckt, wieder andere aufbrausend.

Kultur, Transkultur, Multikultur: die Folgen versuchter Vermischung

Es war Herodot, der in einer seiner Geschichten über den skythischen Prinzen
Skyles erzählt und „von einer ominösen Ratlosigkeit", *„von der unsichtbaren
Grenze zwischen Lebensweisen und der Unzugänglichkeit einer Kultur für eine andere".* „*Skyles starb, weil er versucht hatte, gleichzeitig in zwei Welten zu leben, und
sich weigerte, zwischen ihnen zu wählen, ... weil er an beiden teilhaben wollte.*"[43]

Kultur als gelebte Geschichte, wie könnte sie Fremden zugänglich sein?

„Unsichtbar" und „unzugänglich" ist uns, was in das Gesamterleben einfließt,
ohne das Bewusstsein zu berühren. Vieles Gehörte, Gerochene, sogar Gesehene,
versickert in den Tiefen unserer Gehirnfunktionen, ohne uns je anders bewusst
zu werden denn als unbestimmtes Gefühl, Teil eines unbeschreibbaren Gesamt-
eindrucks, als ein „in etwas Sein", das verloren ist, sobald wir versuchen, es zu

---

[43] Neal Ascherson, Schwarzes Meer, Berlin Verlag 1996, S.93ff.

erhaschen, zu begreifen. Nicht einmal unser Verstand, unser rein theoretisches, bewusstes Denken, ist frei von solchen Denkelementen aus dieser dunklen Kammer des „Gesamt-Ich", überall dort, wo wir spontan einer Meinung sind, ohne ebenso schnell zu wissen, warum wir eigentlich dieser Meinung sind. Erst das mühsame, schrittweise Nach-Denken, Be-Denken führt uns in die Nähe der Quelle solcher spontaner Meinungen; sie entsprechen ihrer Herkunft nach den „Einfällen", den „Ideen", die allesamt aus dieser Tiefe plötzlich in das grelle Tageslicht der Bewusstheit „einfallen". Manche unserer Pläne sind dann Folge dieses „Be-Denkens", andere aber sind Ergebnis eines Verarbeitungsprozesses von „Gesamterlebtem", fallen traumähnlich ein als Vorstellung, als Vision davon, wie es sein soll, wie es richtig ist. Daraus entstanden Kathedralen, Moscheen, japanische Gärten, Symphonien und Gedichte, Tänze und duftende Gerichte.

Kulturen entstehen in gesamterlebter Umwelt, dem Geruch der Landschaft, der Sanftheit oder Schärfe des Windes, dem erzählenden Raunen des Waldes, dem echolosen Tritt im Wüstensand. Kultur ist Lebenswelt, als Gebäude, als Musik, als Verhalten gestaltet aus gesamterlebter Umwelt und unverstandener Gedankenwelt, in die ein neuer Mensch hineingeboren wird, darin geformt, davon geprägt.

Wenn auch meist befremdet, wenn nicht sogar abgestoßen, so kann der Fremde darin schon auch ergriffen wandern, vielleicht magisch angezogen von einem strahlenden Licht, einer Fata Morgana, die beim direkten Anblick entwischt, glänzende Stadt, die sich mit jedem Schritt auf sie zu von dir entfernt. In den Nachkommen des Fremdlings ändert sich die Welt: sie sehen eine halbe, nackte alte Welt am Verhalten ihrer Vorfahren, ohne die dazu passende Umwelt. Sie werden geprägt von der neuen Umwelt, sind innerlich ein Kind von ihr, werden aber außen gleichzeitig von ihr als fremd abgestoßen. Die Umwelt zerfällt in diese drei Teile: die halbe äußere alte, die neue innere, deren Teil sie sind, und die neue äußere, der sie fremd sind. Erst jetzt beginnt der neue Weg, nach der Entscheidung für einen der vier: der neuen Umwelt sich anzugleichen, sich in eine alte Scheinumwelt unauffindbar zurückzuziehen, die Rückkehr in die fremde Hälfte der alten Umwelt, in die sie nicht gewachsen, von der sie nicht geprägt, oder an ihr zu erkranken, in erstarrender Wut des Ausgestoßenen.

In Zeiten von Krieg und Wanderungen entscheidet der Stärkere, wer innen ist und wer außen. Jedoch, und hier erklärt sich mancher Sieg der Besiegten: kein siegreicher Eindringling hat seine eigene Hochkultur unverändert importiert. Entweder entstand in neuem, kulturellem Niemandsland eine Abart der eigenen, oder ein Amalgam der beiden: die Mazedonier und Griechen errichteten in Persien und Indien keine griechischen Tempel; ihre Skulpturen nahmen die Kultur der neuen Umwelt an. Wo die Römer ihre Tempel und Theater errichteten, war entweder kulturelles Niemandsland oder vernichtete Vorkultur im Untergrund. Römische Tempel in Judäa lösten Revolution und Vernichtung aus. In Ägypten blieb eine verwirrende Vielgötterei, ägyptische Kultur mit römischem Anstrich, also Amalgam.

Kulturen fließen nicht zusammen. Sie entstehen in Landschaften, geformt von Menschen, die von Kulturen geformt sind oder werden und sie weiter formen. Wo sie aneinander geraten, entsteht keine Mischung als Amalgam, sondern eine Schichtung. Den allmählichen Übertritt aus einer Stammeskultur in die benachbarte (oder im eigenen Land dominierende) Hochkultur beschreibt H.M. Chadwick in „The Heroic Age".[44]

Rund um die Welt haben immigrierte Kulturfremde versucht, in der Fremde ihre vertraute kulturelle Atmosphäre wieder aufzubauen, mitten in und zwischen die Kultur der Angestammten – und zerstörten damit die Atmosphäre beider.

K8 Zu Territorialität und Xenophobie

Territorialanspruch

Eines unserer biologischen Erbstücke ist das Territorialgefühl: wir alle kennen unsere eigene Unsicherheit, wenn wir ein Zugabteil betreten, dort fragen, ob der Platz dort noch frei ist, und uns dann in „deren" Abteil setzen. Nach einigen Stationen steigen die Anderen aus. Nun ist es „mein" Abteil, und die Anderen kommen unsicher fragend, ob hier noch Platz wäre.

Es ist dieses „Platz besetzen" als Zeichen des „Revier Absteckens", sei es ein Liegestuhl am Strand oder ein Tisch im Frühstücksrestaurant. Solche „Reviere" machen wir uns „zu eigen", wir ergreifen von ihnen gefühlsmäßig Besitz, sie werden Teil unserer „äußeren Körperfühlsphäre". Sich von diesem „Körpergefühl" zu distanzieren, kostet uns erhebliche Überwindung und Gedankenarbeit auf der Ebene von Fairness und Gleichberechtigung. Überträgt man dieses genetisch geprägte Spontanverhalten nun auf die Ebene von Landnahme am Beginn der Entstehung eines neuen Staates, dann zeigt sich dieses Verhalten als Ursache eines Besitzanspruchs, der obendrein auf der Ebene nationalen und internationalen Rechts abgesichert ist: Staatsgrenzen sind gegenseitig anerkannter Ausdruck der Souveränität. Für das Lebensgefühl eines einzelnen Menschen, der mehrere Jahrhunderte später in diesem Staat geboren wurde, in einer Gegend mit inzwischen typischer kultureller Prägung aufgewachsen ist, bedeutet dieses spontane Besitzgefühl ein selbstverständliches, tiefsitzendes „Anspruchsrecht". Was in Wahrheit ein „Anspruchsgefühl" ist, erweist sich auch als eng verbunden mit dem Gefühl von Geborgenheit, von „Heimat". Jedes Ereignis, das diesen gefühlten Anspruch in Frage stellt, stört diese Geborgenheit und löst Angst aus. Die Angst aber löst eine von zwei möglichen Reaktionen aus: entweder ein sich Zurückziehen, „Regression" genannt. Die andere ist die Verteidigung, die Abwehr, also die Aggression.

Es ist eine Grunderkenntnis der Verhaltensforschung, dass die Art und Stärke der Reaktion vor allem von der Distanz des Gegners abhängt: kaum jemand von uns beginnt sich nicht körperlich zu wehren, wenn uns jemand „zu nahe kommt". Aggression ist jedoch ein ausgesprochen negativ besetztes Sozialverhalten, also

---

[44] H.M. Chadwick, The Heroic Age, BiblioLife reproduction 2009.

etwas mittlerweile spontan als „böse" gebrandmarktes. Damit ist das Szenario für alle konfliktgeladenen Abläufe und Ereignisse beschrieben:
Eindringlinge in fremden Lebensraum lösen spontan Aggression der Besitzer aus, also Abwehr. Diese Verteidigung des selbst beanspruchten Territoriums nennt der Biologe „Territorialisierung".

Erst mit dem Beginn von Ackerbau sei, so meinen Manche, der erste Zaun errichtet und Land dem Menschen zu Besitz geworden. Jedoch hat Jane Goodall schon bei Schimpansen die Verteidigung eines Gruppenterritoriums mit kriegerischen Aktivitäten festgestellt, also dürfte auch unsere territoriale und insgesamt aggressive Anspruchshaltung stammesgeschichtlich viel älteren Ursprungs sein.[45] Umfassende Analysen der Studien an fast 100 Gruppen von Jägern und Sammlern des 20. Jh. ergaben, dass die weitaus überwiegende Zahl von ihnen Territorien besetzten und zumeist auch kriegerisch verteidigten; schlecht dokumentierte Veröffentlichungen über den angeblich ursprünglich friedfertigen Menschen entbehren demnach leider einer ausreichend wissenschaftlichen Basis, werden vom Verhaltensforscher Eibl-Eibesfeldt als „freundlicher Mythos" bezeichnet.[46 S.459] Immerhin dürften auch Wohnhöhlen und deren Umgebung territorial beansprucht und verteidigt worden sein. Territoriale Auseinandersetzungen fehlen offenbar nur bei Volksgruppen, die in äußerst dünn besiedelten Gebieten wie der Polarregion leben (Polar-Eskimos sollen als Ausnahme lediglich mit eindringenden Wikingern in bewaffnete Abwehr-Konflikte geraten sein).

Im weiteren Verlauf der menschlichen Entwicklungsgeschichte werden in besetzten Gebieten Geländemarken, Bäume, Höhlen etc. als geheiligte Orte verehrt; manchmal bewachen die dort bestatteten Vorfahren das Land. So wird Land zu „Vaterland".[46 S.473] Völker entwickelten unterschiedliche „*Regeln, nach denen Zutritt gewährt werden kann ...*".[46 S.473 u. 481] Eibl-Eibesfeldt fasst daher zusammen: „*Territorialität gehört sicher zu den Universalien, und die Anlagen reichen wohl auf altes Primatenerbe zurück*".[46 S.469] In Menschengesellschaften wird daraus „Gruppenterritorialität", die erklärt, warum Nationen ihr Land verteidigen. Die darin entwickelte Kultur besteht aus Menschen, die einander an vertrautem Verhalten erkennen. Fremde werden dagegen vorsichtig bis misstrauisch beobachtet und als Fremdkörper empfunden, ein Verhalten, das auf Xenophobie, Fremdenscheu basiert.[47 S.173] Aber vorerst bleiben wir noch bei Territorialisierung:

Heimat und Nation, Territorialisierung und Abwehr

Heimatgefühl ist, im Gegensatz zu dem Eindruck, den die Unterzeichner der Pariser Erklärung vermitteln,[48] kein europäisches Phänomen, sondern Resultat

---

[45] J Goodall, The Chimpanzees of Gombe, Patterns of Behavior, Harvard Univ. Press 1986. Zit in. I. Eibl-Eibesfeldt, Die Biologie des Menschlichen Verhaltens. Blank 2004 (Originalausgabe Piper Verlag 1984)

[46] I. Eibl-Eibesfeldt, Die Biologie des Menschlichen Verhaltens. Blank 2004 (Originalausgabe Piper Verlag 1984).

[47] I. Eibl-Eibesfeldt, Wider die Misstrauensgesellschaft. Streitschrift für eine bessere Zukunft. Piper 1994.

eines tiefsitzenden „animalischen" Instinktes. Nation, das Gefühl von Nation, entwickelte sich aus dem urzeitlichen Gefühl der Zugehörigkeit zu einer Familie, einer Großfamilie, einer Sippe, zusammengehalten durch ein „Wir-Gefühl", eine Gruppe, in die man hineingeboren wurde – daraus wird letztlich der Begriff von Nation (lat. natio = Geburt, später im übertragenen Sinn: „Volksstamm"). Als die Gruppe der Zusammengehörigkeit immer größer wurde, kannten nicht mehr alle Einzelnen einander; dennoch blieb das „Wir-Gefühl" der Zusammengehörigkeit aufgrund der gemeinsamen Sprache, der Wohnregion, dann der Lebensgewohnheiten und Umgangsformen. Es blieb das Gefühl von Volksgruppe und Region, Volksstamm, von dem man abstammt. So entstanden Völker mit dem Gefühl der Zusammengehörigkeit, Nationen eben; man ist auf gewisse Weise miteinander bekannt, weil man einander an Sprache, Gestik, Sitten und Gebräuchen erkennt.[47 S.107] Gemeinsame Verhaltensweisen schaffen Voraussagbarkeit, dadurch Vertrauen und Sicherheit, ein Grundgefühl, das die Ambivalenz, Angst voreinander unterdrückt.

Wie tief „Nation" sitzt, zeigten die Osteuropäischen Länder nach dem Zusammenbruch der UdSSR in beiderlei Hinsicht. Ihr Unterschied zu „Staat" kommt deutlich zum Vorschein in diesem Satz des Soziologen Karl-Otto Hondrich: *„Ohne das Unterfutter sind Staaten nur willkürlich konstruierte Gewalthülsen, die unter Belastung zerfallen".*[49] Daneben erscheinen nationalistisch-soziologische Definitionen als überflüssiger Selbstzweck der Macht. Der deutsche Soziologe Georg Simmel (1858-1918) stellte fest: *„Die Grenze ist nicht eine räumliche Tatsache mit soziologischen Wirkungen, sondern eine soziologische Tatsache, die sich räumlich formt".*[50] So sind zum Beispiel die Größe eines Volkes, die geographischen Gegebenheiten, die Mächtigkeit von Nachbarn Faktoren, die den Umfang eines Staates mit bestimmen – ob man das als soziologische Tatsache oder als eine Umwelt- oder sonstige Folge bezeichnet, hängt offenbar mehr vom Namen des beurteilenden Fachgebietes ab als von relevanten Gegebenheiten.

Nach außen reagiert im Fall der Bedrohung oder Herabsetzung ein Volk mitunter wie ein Individuum; Gerd Behrens meinte sogar: *„Die Hölle hat keinen Schrecken, der sich mit dem Zorn einer Nation vergleicht, die sich herabgesetzt fühlt".*[zit. in 47 S.165f] Der gegenseitig versicherte Wegfall der Tötungshemmung macht die Meute dann oft in einem Umfang bestialisch, wie ein Individuum alleine es nicht fertigbrächte.

Jedenfalls erkennt schon der menschliche Säugling das Fremde, und reagiert darauf; wieder ein Hinweis auf einen stammesgeschichtlichen Hintergrund:

[48] Pariser Erklärung, Punkt 1. https://thetrueeurope.eu/die-pariser-erklarung/

[49] K.-O. Hondrich, Grenzen gegen die Gewalt. Zit in I. Eibl-Eibesfeldt, Wider die Misstrauensgesellschaft. Streitschrift für eine bessere Zukunft. Piper 1994, S.167.

[50] G. Simmel, zit. in, A. Landwehr, S. Stockhorst, Einführung in die Europäische Kulturgeschichte, UTB, Verlag Schöningh 2004 S.178

Xenophobie: Fremdenfurcht/ -feindlichkeit - Fremdenhass und Rassismus

Die Vermengung und Verwechslung dieser Begriffe vor allem mit „Rassismus", aber auch zwischen „Scheu" und „Hass", gibt immer wieder Anlass zu Missverständnissen und unsinnigen gegenseitigen Vorhaltungen. Verhaltensforscher unterscheiden klar zwischen Fremdenscheu / Fremdenfurcht (Xenophobie) und Fremdenhass sowie Rassismus. Fremdenfurcht ist „stammesgeschichtlich fundiert",[47] S.112f oder anders ausgedrückt, genetisch festgelegt. Das sogenannte „Fremdeln", das heißt unterscheiden zwischen „vertraut" und „fremd", beginnt bei menschlichen Säuglingen mit 5 bis 6 Monaten: sie fürchten alle Fremden, jedoch die der eigenen Rasse weniger als Rassenfremde.[51] Es handelt sich um angeborenes, kulturunabhängiges Verhalten. Auch beim Erwachsenen wirkt diese Fremdenscheu noch als unbewusster Angstfaktor weiter, abhängig vom Grad der Fremdheit und der relativen Anzahl Fremder; dies drückt sich mitunter in absonderlich wirkendem Verhalten aus: in Großstädten, wo man einander in der Regel nicht kennt, gehen zum Beispiel die Menschen schneller als in kleineren Städten.[52] Sogar Blinde, Taube und Taubblinde fremdeln; dabei spielt als Restsensorik der Geruchssinn die Hauptrolle – ein Hinweis auf die Basis unbewusster Reaktionen von uns Allen. Zum normalen Verhalten unter Fremden zählt das Vermeiden von Blickkontakt, von Emotionen, man „gibt sich neutral bis abweisend".[53] Fixierter Blickkontakt, Anstarren, wirkt, ebenfalls angeborenermaßen, allerdings als aggressiv. Der Fremde ist ein Stressor, man begegnet einander unsicher, ambivalent.[54] Grund dafür ist ein nur teilweise bewusstes Erfassen des fremd wirkenden Gegenüber: 60-70% der Deutschen gaben in den 80er und 90er Jahren auf Befragen an, dass Türken eben *„ein ganz anderes Verhalten"* hätten.[55] Aber dieses Verhalten ist ambivalent: nicht nur ängstliche Abwehr, auch Neugier ist stammesgeschichtlich verankert und hat wichtige Funktionen schon innerhalb einer Gruppe Vertrauter, der Sippe oder des Stammes: die Entwicklung freundlicher Neigungen hängt von Faktoren ab, die helfen, tief emotional vergrabenes Misstrauen abzubauen; manches davon geschieht wiederum unbewusst, emotional: wir finden Andere spontan sympathisch oder eben nicht. Neugier und verbale Kommunikation decken Gemeinsamkeiten, gemeinsame Interessen auf.[54] S.250ff

---

[51] S Feinmann, Infant response to race, size, proximity, and movement of strangers. Infant Behavior and Development 3, 1980, 187-204.

[52] MH Bornstein, The Pace of Life: Revisted, Internat. Journal of Psychol. 14, 1979, 83-90.

[53] Dieser Mechanismus birgt im übrigen eine Gefahr, die sich im Jahr 2017 wiederholt verwirklicht zu haben scheint: die *„unterschwellige Angstmotivation"* - in der Türkei war sie gar nicht so unterschwellig – macht Menschenmassen *„anfällig für die Parolen jener, die Sicherheit versprechen."* (Zitat wie oben).

[54] I. Eibl-Eibesfeldt, Die Biologie des Menschlichen Verhaltens. Blank 2004 (Originalausgabe Piper Verlag 1984), S. 237ff., 525ff.

[55] E. Piel, Institut für Demoskopie Allensbach, zit. von I. Eibl-Eibesfeldt, Wider die Misstrauensgesellschaft. Streitschrift für eine bessere Zukunft. Piper 1994, S.139.

So entsteht und bleibt im sozialen Umfeld die Polarität zwischen Innen, dem Vertrauten und Sicheren, dem Bereich, dem man selbst zugehört, und dem „Außen", dem Fremden.

Das „Wir-Gefühl" - seine Innen- und seine Außenseite

Im Verband einander Bekannter herrscht a priori Vertrauen auf Bekanntes. Vertrautheit in Gruppen basiert auf persönlicher Bekanntheit, vor allem aber auch auf gemeinsamen Verhaltensnormen, die über weite Strecken des Alltags Voraussagbarkeit und nonverbales Verständnis gewährleisten. Daraus entsteht, was wir als „Wir-Gefühl" kennen. *„Kultur erweist sich hier als prägend und legt uns als „zweite Natur" ... fest."* Den Rest des spontanen Festhaltens an unserer Kultur bewirkt dann wohl auch die Gewohnheit – als „Brauchtum" wird diese Gewohnheit ja letztlich zu „Tradition". Sie *„ trägt Ordnung in die Gemeinschaft und vermittelt damit Sicherheit"*. Auch nach außen hat diese Tradition eine Funktion: sich von den Anderen zu unterscheiden. Ganz grundsätzlich bedeuten viele Traditionen eine gemeinsame Anpassung an Umweltbedingungen und erklären dadurch kulturelle Unterschiede. „Angleichungsbedürfnis" geht dabei auf die Schutzfunktion zurück, die man von der Gruppe erwarten kann. Groteske Ausmaße, die dieses Bedürfnis annehmen und bis zur gemeinsamen Realitätsverweigerung reichen kann, gehen zum Beispiel aus dem Märchen „Des Kaisers neue Kleider" von Hans Christian Andersen hervor: Betrügerische Weber bieten dem Kaiser an, ihm Kleider zu fertigen, die eine wunderbare Eigenschaft haben: sie sollen für all Jene unsichtbar sein, die nicht für ihr Amt taugen oder unverzeihlich dumm sind. Der Betrug besteht darin, dass diese Kleider nicht existieren. So tritt der Kaiser nackt vor seinem Volk auf, und alle, er selbst eingeschlossen, bewundern das Kleid ob seiner Farben und Muster. Doch plötzlich ruft ein Kind: „Aber er hat ja gar nichts an!"

Kinder haben in der Gesellschaft noch Narrenfreiheit, erwachsene Narren in der Regel nur, wenn sie nicht wirklich psychisch krank sind. Kranken hingegen droht Ausgrenzung ähnlich Fremden. Auslachen, Verspotten, Ausrichten zählen zu den typischen anfänglichen Verhaltensweisen gegenüber Andersgearteten und Fremden. Schon die sprachlichen Ausdrücke verraten den Ursprung des Verhaltens: schon wer als „hässlich" empfunden wird, hat es schwer – und „hässlich" kommt von „hassen", ist also nahe an „hassenswert". Der Begriff vermischt sich hier in seiner Bedeutung undeutlich zwischen „Abwehr" und dem menschlichen Hassgefühl.

Abweichendes Verhalten von kulturellen Normen wird spontan heftig sanktioniert: der Verhaltensforscher spricht von *„normangleichender Aggression"*. *„Sie führt schließlich zu einer Ausstoßreaktion, wenn der Abweichende sich nicht angleichen kann."* Dazu muss man allerdings ergänzen, dass es Tiere gibt, deren Verhalten große Ähnlichkeit mit dem menschlichen aufweist, deren „Ausstoßreaktion" von einer Brutalität ist, dass das bei Menschen übliche Wort „bestialisch" wieder seine Rechtfertigung findet: Ratten beißen einen fremden Besucher tot, der am Geruch des „nicht dazu Gehörens" identifiziert wird, und zerfleischen den Eindringling. Zwischen benachbarten Rattensippen beobachteten

Verhaltensforscher Dauerkriege von zunehmender Blutrünstigkeit.[56] Beim Menschen beginnt es offenbar – man mag es kaum aussprechen - mit Häuser-Anzünden und ähnlichen Attacken. Da die gegenüber Sippenfremden hinterhältigsten und brutalsten Bestien den eigenen Sippengenossen gegenüber alle erdenkliche Zuneigung und Obsorge zukommen lassen, birgt die bei Menschenaffen beobachtete „Empathie" leider wenig Hoffnung auf ein letztlich ausreichend friedensstiftendes Erbgut; eine Ausnahme macht hierbei das „prosoziale Verhalten" von Führern in der Hierarchie.[M&D]

Zwischen Sippen von Menschenaffen sind durch die Forschungen von Jane Goodall menschenähnliche Kriege bekannt geworden, auch wenn diese im Gegensatz zu den Rattenkriegen Territorialkämpfe sein sollen. Es bleibt, so fürchte ich, als einzige Gabe mit der Aussicht auf ein gutes Ende nur unsere Erkenntnisfähigkeit: sie allerdings hat im Volk keinen guten Ruf, ist als theoretische, kühle, ja gefühlskalte Verfahrensstrategie des einsamen Denkers bekannt, eines, der noch dazu nicht zu unterscheiden ist von Jenen, die, zu Ideologen geworden, letztlich erst recht wieder über Leichen gehen, und anfänglich auch nicht von jenen, die diese Gefühle des Volkes instinktiv erfassen und sich von ihnen tragen und beflügeln lassen, um dann als legendäre Schlächter in die Geschichte einzugehen. Es ist bisher – so wie alle Zukunft – unerforschlich geblieben, ob sich eher die Friedfertigen oder die blutrünstigen Jünger des Hasses durchsetzen werden auf Erden.

Das mehr gefühlsmäßige als rationale Erkennen und Verstehen basiert dabei stets auf den Elementen der archaischen Familie; Eibl-Eibesfeldt erinnert an den sprachlichen Hinweis hierauf im englischen Sprachgebrauch, wo man *„für Bekanntwerden den Begriff „familiarization"* verwendet.[57] Der Biologe und Evolutionsforscher kann erklären, wie diese Zusammengehörigkeit sich in der Tierwelt bis zu den Menschenaffen und von dort bis zu uns Menschen entwickelte, ferner, dass wir nach diesem letzten Entwicklungsschritt heute in einer Nation gefühlsmäßig noch immer in einer Großfamilie leben. Diese Lebensgemeinschaften grenzen sich nach außen ab wie jedes Individuum es schon als Einzeller tat. Sie beanspruchen ein Territorium für sich und verteidigen es gegen andere Gruppen.

Jede Gruppe für sich, jedes Volk, passt seine Gewohnheiten den Umweltbedingungen an, ändert sich in einem Prozess wie alles Leben, bildet und entwickelt eine Kultur als den eigenen geistigen Lebensraum. Mit der Vermehrung der Menschenzahl und der Ausbreitung über die Welt entstand eine wachsende Zahl von Kulturen und Subkulturen, gleich der Artenvielfalt der Lebewesen. Nach Jahrhunderten der Trennung begegnen Völker einander als Fremde; Sprache und Brauchtum haben sich geändert, sie erscheinen einander als fremd und sonderbar. So fremdeln verwandte Völker gegeneinander, feinden ganz Kulturfremde einander an.

---

[56] K. Lorenz, Das sogenannte Böse, DTV 2010. S.158ff.

[57] I. Eibl-Eibesfeldt, Wider die Misstrauensgesellschaft. Streitschrift für eine bessere Zukunft. Piper 1994, S.112.

Die „Wir"-Gruppenbildung auf der Basis der archaischen Sippe kann sich außer auf „Volk" oder „Nation" auch auf die Identitätsbildung anderer Gruppen übertragen, seien dies Vereine, politische Parteien oder Religionsgemeinschaften. Dass auch diese Gruppen ihre abgrenzende Wirkung gegenüber „Anderen" zeigen, erklärt die Entstehung von Bürgerkriegen oder Religionskriegen innerhalb von Nationen.[57] S.87

Eibl-Eibesfeldt zitiert in seinem Lehrbuch zur Verdeutlichung von Entstehung, Sinn und Auswüchsen des „Wir"-Phänomens ein Gedicht aus dem 18. Jahrhundert, das mehr erklärt als Wissenschaft; ich habe es an anderer Stelle zitiert. M&D S.131 u. S.506

Auch das, was man letztlich als „Rassismus" definierte, bald darauf stigmatisierte und heute sanktioniert, hat tiefe instinktive Wurzeln, denn von alters her neigen wir dazu, Menschen als unkultiviert zu betrachten, die nicht unserer eigenen Kultur angehören; ursprünglich betrachtete man sie grundsätzlich als Wilde: die griechischen Siedler an der nördlichen Schwarzmeerküste erfanden für sie den Namen „Barbaren"; die „Slaven" wurden zu Karls des Großen Zeiten zu unseren „Sklaven", schließlich „Slawen"; Entdecker und die mit ihnen reisenden Vertreter des Stuhles Petri fragten sich mitunter, ob die an den Antipoden aufgespürten Wilden überhaupt Menschen seien.

Dennoch: jede auch noch so eigenartig anmutende Verhaltensweise ist ein „Schrittmacher der Evolution" und ein Experiment auf dem Weg zur Absicherung des Überlebens, Äquivalent zur genetischen Evolution; Erik Erikson hat diese Entwicklung der kulturellen Vielfalt als „Pseudospeziation"[58] bezeichnet, eine kulturelle Artenbildung in Anlehnung an die genetische Artenbildung und ihre Vielfalt.

Vom Vertrauten zum Fremden: zwischen Angst, Abscheu und Neugier

Das „Vertraute" schafft eben Vertrauen in uns, das Fremde aber Misstrauen, Angst und Abwehr bis zur Aggression. Das Vertraute und Gewohnte vermischt sich aber auch mit der Überzeugtheit, dass es sich dabei um das Richtige, das Gute, das Rechte handle. Dementsprechend wird das Fremde zum Gegenteil: es wird mitunter abschätzig aus einem Gefühl des Rechthabens abgeurteilt und zu einem Überlegenheitsgefühl. Letztlich erwuchsen aus diesen evolutionären Tiefen auch deren intellektuelle Auswüchse wie Nationalismus. Auch Rassismus ist also nichts als eine peinliche Ausblühung menschlichen Intellekts aus diesem Ursprung; es erscheint untersuchenswert, ob für diesen Ursprung und das resultierende Verhalten Gruppen und Massen der Begriff „kollektive Xenophobie" passen würde.

---

[58] E. Erikson, Ontogeny of ritualisation in man. Philosoph. Transact. Royal Soc. London 1966, B251, 337-379.

K9 Meghan und ihr braver Harry: Zur Rassismus-Debatte

Die Definition von Rassismus in 4 Punkten, die Claude Lévi-Strauss 1994 formulierte,[59] stimmt hinsichtlich der Behauptung einer genetisch determinierten Überlegenheit einer „Rasse" über die andere weitgehend mit der ursprünglichen aus dem 19. Jh. überein. Aus heutiger Sicht kann man wohl ein einziges Wort als charakterisierend für *das* nennen, was in breiter Übereinstimmung unter „Rassismus" verstanden wird: abwertend. Dieses Wort erläutert jedoch gleichzeitig, dass die Ablehnung fremdkultureller Immigranten in nachgerade hysterischer Weise übertrieben wird, indem man sie unhinterfragt als Abwertung einstuft, obwohl sie im Sinne der für das Spontanverhalten aller Menschen typische Spontanverhalten der Xenophobie ebensogut „nur" ab*lehnend* sein kann und als solches auch nur sein *kann*. Die Erklärung dafür ist folgende: Spontanverhalten ist unreflektiert; „Abwertung" ist jedoch das Ergebnis einer bewussten, also reflektierten Einschätzung, sei es basierend auf eigener Erfahrung oder auf anderen Informationsquellen. Xenophobie hingegen trifft nicht nur kulturfremde Immigranten, sondern jegliches "Andersaussehen", also z.B. geistig oder körperlich Behinderte im eigenen engeren Umkreis, sogar eher einer dörflichen Gemeinde als einer Großstadt.

Ich erinnere an dieser Stelle immer wieder an Mozarts Zauberflöte und der Begegnung von Papageno dem Vogelfänger, auf der Bühne selbst oft verkleidet als Vogel, mit Monostatos, dem Mohr: die beiden schrecken nicht aus Rassismus voreinander zurück, sondern aus Angst vor dem Fremden, also einem xenophoben Spontanverhalten; das darauffolgende reflektierte Verhalten von Papageno ist sodann alles andere als rassistisch. Auch die verbal tief verankerten Automatismen von Weißen, die „schwarz" mit gefährlich" oder „böse" gleichsetzen, geht primär auf Angst vor Finsternis zurück, aber auch auf die Erfahrung, dass böse Menschen vorzüglich lieber unerkannt im Finstern agieren – darauf wird der Christenmensch auch im Evangelium hingewiesen.[60] Die christliche Seele sieht den Teufel als Herrn der Finsternis. Die Assoziation von „dunkel" mit „böse" rührt also nicht primär von einer gedanklichen Verbindung mit Schwarzafrikanern her, sondern von einer spontanen Übertragung der instinkthaften Angstreaktion vor Finsternis auf die ungewohnte dunkle Hautfarbe.

Das politisch korrekte Verbot der menschlichen Spontanreaktion „Xenophobie" grenzt an mittelalterliches Denkverbot und Verfolgung wegen Verdachts der Häresie. Dass Weiße es spontan als normal erachten, weiß zu sein, unterscheidet sie nicht von Chinesen, die unter sich und am Arbeitsplatz Afrikaner als Affen bezeichnen,[61] oder von Indianern, die Weiße „Bleichgesichter" nennen. Wir

---

[59] C. Lévi-Strauss, Anthropology, Race and Politics: A Conversation with Didier Eribon. In: R. Borofsky (Hrsg.). Assessing Cultural Anthropology, New York 1994, S. 422.

[60] „Wer böses tut, der hasst das Licht und kommt nicht zu dem Licht, damit seine Werke nicht aufgedeckt werden". Neues Testament, Evangelium nach Johannes 3, 20.

[61] M. Yishu, Afrikaner gelten als faul und unzuverlässig. Was Chinesen von Afrika halten und was die Staatsmedien in China verbreiten, Welt-Sichten 24.02.2019, welt-sichten.org/artikel/35704/afrikaner-gelten-als-faul-und-unzuverlaessig

leben zu Hause in einer verunsicherten Kultur, deren Menschen nicht mehr wagen dürfen, Dinge, Menschen und Gegebenheiten in einer fremden Kultur aus ihrer eigenen Perspektive spontan einzuordnen. Der Immigrant steht wie ein Polizist neben dem Europäer und äußert sein Unbehagen ob eines Verhaltens ihm gegenüber, das ihn als „anders", als „fremd" charakterisiert – das ist heute im Westen verbotener Rassismus, der nicht unbedingt und ausschließlich ein Gefühl der Überlegenheit ausdrückt, sondern eines der Unsicherheit im Umgang mit dem Fremden. Dass sich darein auch tatsächlicher Rassismus mischen kann und dies auch mitunter tut, autorisiert nicht von vornherein zu einer pauschalen Benennung jeglicher Zurückhaltung als Rassismus. Der hysteriforme Umgang in der heutigen politisch-korrekten Öffentlichkeit ist also charakterisiert durch das Stigmatisieren jeglichen menschlichen Spontanverhaltens im Umgang mit Kulturfremden, weil es einer neo-liberalen Ideologie zuwiderhandelt. Eine Entkrampfung im kulturinternen Kampf zwischen "Rechtsradikalen" und Neo-Liberalen wird demnach nur gelingen, wenn man menschliches Verhalten wieder zulässt und lernt - lehrt - damit auf rücksichtsvolle und menschenwürdige Weise umzugehen.

Will man heute tatsächlich einen Standpunkt gegen „Rassismus ohne Rasse" vertreten und erklären, dieser „neue" Rassismus bezeichne eine *„Schädlichkeit der Grenzverwischung und die Unvereinbarkeit von Lebensweisen und Traditionen"*, im Sinne der Definition von Étienne Balibar zu behaupten (vgl. ebd., S. 27ff),[62] dann träfe dieser neue Rassismus mindestens im gleichen Maße auf den international proklamierten Islam zu wie auf rechtsnationale Gruppen in Europa und anderen westlichen Ländern, liefe also auf nichts anderes hinaus als auf die Beschreibung der Konfrontation zweier universalistischer Systeme als Basis für den von Huntington prophezeiten „Kampf der Kulturen".

Will man sich überdies dem Standpunkt anschließen, dass „neuer Rassismus" darauf beruhe, dass *„Kultur ... durchaus auch als eine Art Natur fungieren [kann], indem sie Menschen a priori in eine Ursprungsgeschichte und eine Genealogie einschließt, also in ein unveränderliches und unberührbares Bestimmtsein durch den Ursprung (Primordialität)*, als dessen Folge *„die irreduzible kulturelle Differenz die quasi 'natürliche Atmosphäre' des Menschen"* bilde und *„jede Verwischung dieser Differenzen notwendige Abwehrreaktionen auslösen, also zu interethnischen Konflikten und zu einem allgemeinen Anstieg der Aggressivität führen [müsse]"*, dann spricht man in Wahrheit ein Phänomen an, das mit Rassismus noch weniger gemein hat als die Xenophobie jeglichem Fremdem gegenüber: denn man beschreibt einen aristokratischen Anspruch, der seine Rechtfertigung von einer besseren Ausgangssituation ableitet.[62]

Die Hysterie wird weiter konkretisiert, wenn man in der Literatur explizite Gleichstellungen von „Rassismus" und „Anderssein" als eben „neuen Rassismus"

---

[62] E. Balibar, I. Wallerstein, Rasse, Klasse, Nation. Ambivalente Identitäten, Argument-Verlag 1992, S. 27f, zit. in P.Lintner, Das Afrikabild in gegenwärtigen österr. Geographieschulbüchern, 2012, 02.core.ac.uk/download/pdf/16673703.pdf

vorgesetzt bekommt: „Rassistisch" ist heute demnach, wer einen Anderen *„zum grundsätzlich 'Anderen' stilisiert"*, also xenophobisch reagiert.[63]
„Xenophobie" ist in dieser Ära also in „Rassismus" umbenannt worden, so als hätte die Menschheit ihre eigene wissenschaftliche Basis für Begriffe vergessen. Der Hintergrund scheint jedoch ein anderer zu sein: Das Ende der westlichen Hegemonie und seines arroganten Überlegenheits-Universalismus. Es ist das Ende der Phase der Menschheitsgeschichte, in der jeweils automatisch der Weiße recht hatte, weil er weiß war. Hierbei handelt es sich aus der Sicht der ursprünglichen Definition in der Tat um Rassismus: die Überzeugung, dass Weiße zurecht das Sagen hätten, weil sie .... z.B. schon immer die Herren der Region waren, z.B. also Afrikas, und weil sie eben überlegen seien (z.B. der Waffen wegen, die sie einsetzten, um die Afrikaner zu beherrschen). Diese Hegemonie ist nun zu Ende – der Westen hatte sie mit seiner aufgeklärten liberalen Demokratie, dem Bekenntnis zu Menschenrechten, selbst zerstört und allen Menschen die gleiche Würde zugesprochen – theoretisch. Durch die Hintertür des Neo-Kolonialismus versuchte sich die alte Hegemonie dann wieder einzuschleichen, notfalls mit Hilfe von Machthabern, die man den aus dem Kolonialismus befreiten Völkern vorsetzte mit der Zusage, dass der Machthaber nach Belieben ausbeuten dürfe, allerdings unter der Bedingung, einen Anteil davon an die alten Herren abzugeben. Mit dem Aufkommen neuer Mächte aber, allen voran China, geht auch diese Zeit zu Ende. Die farbige Menschenwelt kehrt nun den Spieß um, schlägt den Westen mit seinen eigenen Waffen, nicht nur im direkten, sondern im Zusammenhang mit Rassismus im übertragenen Sinn, und gerät damit ins gegenteilige Extrem: Der Westen muss ihnen recht geben und es schweigend hinnehmen, seine Medien ihnen sogar lauthals zustimmen: seither ist „Weißer" zum Schimpfwort geworden; wer es wagt, einen Farbigen farbig zu nennen, es auch nur anzudeuten, wird als Rassist an den Pranger der politisch-korrekten öffentlichen Meinung gestellt, beschimpft und erledigt. Bilderstürmer reißen die Statuen der Kolonialeroberer von den Podesten, westliche Kamerateams dokumentieren das Geschehen für die TV-Kanäle, ihre Kommentatoren (in der Überzahl Farbige) klatschen Beifall dazu. Das Problem ist nur, dass sich diese Szenen bei den Weißen „zu Hause" abspielen, dort, wo sie eben „schon immer" zu Hause waren und die Farbigen kürzlich dazukamen, als Sklaven, als Arbeiter, als nützlich Untergebene. Die aber haben nun eben verstanden, dass Gleichberechtigung und Menschenwürde auch für *sie* gelten, sogar bei den Weißen zu Hause. Und eben dort drehen sie nun deshalb den Spieß um. Die Weißen dürfen zu Hause nicht mehr wagen, Farbige als Andere zu sehen; tun sie es, gibt es den Pranger; dort heißt der Weiße dann nicht mehr „Mister", oder „Sir", dort ist er dann „white male", zu Hause. Wie der Zulauf zu Rechts-Parteien zeigt, haben ganz Viele etwas gegen diesen Trend bei ihnen zu Hause. Respekt und Menschen-

---

[63] S. Arndt, „Stamm", in: S. Arndt und A. Hornscheidt (Hrsg.). Afrika und die deutsche Sprache. Ein kritisches Nachschlagewerk, Unrast-Verlag 2004, S. 31, zit. in P. Lintner, Das Afrikabild in gegenwärtigen österr. Geographieschulbüchern, 2012, 02.core.ac.uk/download/pdf/16673703.pdf

würde, natürlich, aber bitte auf Distanz. Manche von der älteren Generation, die es nicht mehr schaffen, sich an das bunte Treiben zu Hause zu gewöhnen, bitten einfach nur um Toleranz ihrer Intoleranz – obwohl das ein an sich ganz normales Paradox ist, das der Toleranz schon immer innewohnt (bekannt gemacht hat es erst Platon: der hat zuerst von der anderen Seite her darüber nachgedacht und gemeint, dass es eigentlich ganz schön paradox ist, dass die Toleranten den Intoleranten gegenüber intolerant sein müssen, wenn sie weiter tolerant genannt werden wollen). Paradox ist im übrigen auch, dass nützliche – und oft architektonisch durchaus ansehnliche -Gebäude in den früheren Kolonien, Kolonialarchitektur eben, nun von den früheren Herren restauriert werden dürfen – z.B. von den Italienern in Libyen.

Wird der „Rest der Welt" es damit schaffen, den Ausgleich an Menschenwürde zu verwirklichen? Dazu müsste es ihnen gelingen, den Kapitalismus aus den Herzen aller Farben zu locken, wenn nicht zu prügeln. Denn selbst die, die in den Augen der übelsten weißen kapitalistischen Ausbeuter auch heute noch nichts als „farbige Untermenschen" sind, können Kapitalismus; bei denen nennt der Westen das verächtlich herablassend und pauschal „Korruption". Die Perser haben dem „Rest der Welt" vorgeführt, wie man bei solcher Reinigung vom Regen in die Traufe kommen kann: den bösen USA-hörigen Ausbeuter Schah Reza verjagt, die Ayatollahs bekommen. Da ist dann schon wieder der Westen mit seiner Methode „Pranger" „humaner": Harry und Meghan haben der Welt vorgeführt, wie das funktioniert.
Die Weltmeister des Kolonialismus, die Briten, müssen dafür jetzt die Rolle der Vorzeige-Rassisten durchstehen, trotz Brexit. Manche meinen: vor allem *wegen* Brexit, weil ja der Brexit den Rassismus der Briten repräsentiert. Die Briten sind damit eben die Ehrlichsten, weil sie nicht Rassismus meinen, wenn die Farbigen sie Rassisten nennen: sie meinen einfach nur das Wirkliche: Xenophobie gegen die Polen und die Deutschen, die sie raushaben wollten. Das ist natürlich höchstens britischer „kultureller Rassismus", weil man sich doch mit Denen nicht vergleichen müssen sollte; wer es versuchte, wurde schon beim Ausfüllen des ersten Eintrittsformular ins Land kategorisiert: „British White" – oder doch nur „other white". - Das ist dann aber doch ganz ordentlich rassistisch – allerdings im Sinne der ursprünglichen Definition von Arthur de Gobineau (1816-1882) und Houston Stuart Chamberlain (1855-1927), denen es um die Überlegenheit der Einen gegenüber den Anderen gegangen war; das allerdings hat wiederum nichts mit Hautfarbe zu tun, sondern mit z.B. Chauvinismus, oder einfach Britishness, weil man eben besser ist, kultivierter, gebildeter, cleverer und deshalb erfolgreicher - dass Brutalität nur entwicklungsgeschichtliches Erbe ist, hat ja schon Darwin gelehrt; aber genau dafür rächen sich jetzt eben die Gelben, die Braunen, die Roten und die Schwarzen.
Aber ihre Farbigen aus den Kolonien verwalten die Briten zu Hause doch ganz problemlos, meinen sie – die aber sind da ganz anderer Meinung, z.B. Meghan. So schließt sich der Kreis.

Putin kritisiert, dass man keine Krisen gelöst, sondern nur neue hervorgerufen und teilweise das Völkerrecht missachtet habe. *„Niemand fühlt sich sicher".* Das ist ein Katalysator für Aufrüstung. Man solle doch ein Gleichgewicht zwischen Interessen der einzelnen suchen. Neue Wirtschaftsmächte würden Multilateralität politisch erzwingen. *„Sollen wir diese Entwicklung unbeteiligt betrachten – nein".*

Russland habe einen Wechsel zur Demokratisierung eingeleitet.

„Warum schießt die Weltmacht dann heute bei jeder Gelegenheit", nun da die Gefahr gegenseitiger atomarer Vernichtung gebannt scheint? Und wenn es ernst gemeint sein sollte, dass nur Entscheidungen der EU und NATO zählen, dann bewege man sich in eine Sackgasse. Nur die UNO solle zählen, man dürfe nicht die UNO durch EU/NATO ersetzen.

Die OSZE werde nur noch missbraucht, um die Interessen der Stärkeren gegen die Schwächeren durchzusetzen.

„Die potenzielle Gefahr einer Destabilisierung der internationalen Beziehungen ist auch mit einem Abrüstungs-Stau verbunden. ... Russland tritt für die Wiederaufnahme des Dialogs zu dieser wichtigen Frage ein". Gleichzeitig argumentiert er aber, dass Russland über Kurz- und Mittelstreckenraketen neu nachdenken müsse, weil mittlerweile eine Reihe anderer Länder außer den USA darüber verfügen. Und in einem: *„Ich bin überzeugt, dass der einzige Mechanismus zur Entscheidung über die Anwendung von Gewalt als letzte Maßnahme nur die UN-Charta sein darf".* Er erhält dazu die Frage: *„Sagen Sie, dass Russland nie Kriegshandlungen ohne Zustimmung der UNO führen wird, unabhängig davon, ob seine internationalen Interessen bedroht sind?"* Darauf antwortet er, um sich aus der Problematik um die Krim und Ost-Ukraine zu manövrieren: *„Wir werden stets strikt im Rahmen des Völkerrechts agieren. ... In der UNO-Charta gibt es auch einen Artikel über das Recht auf Selbstverteidigung. Da sind keine Sanktionen mehr nötig".* Und zur weiteren Verteidigung bzw. Abwehr: *„Uns beunruhigen auch Pläne zum Aufbau von Elementen eines Raketenabwehrsystems in Europa. Wer braucht eine neue Runde eines in diesem Falle unausweichlichen Wettrüstens"?*

Das ist ein gutes Argument – wie steht es damit?

Er erhält dazu folgende Frage:

„Ich möchte betonen: Die USA entwickeln seit mehr als 20 Jahren keine neuen strategischen Waffen. Sie haben kürzlich Topol-M-Raketen getestet, die bereits in Bunkern und auf mobilen Startrampen installiert sind. Sie haben die USA wegen einseitiger Schritte kritisiert und zweimal gesagt, dass Militäraktionen nur dann legitim sind, wenn sie durch die UNO abgesegnet sind". - Putins Antwort beginnt damit, dass er sich sehr emphatisch für die Frage bedankt, weil er nun endlich eine Angelegenheit klarstellen könne: *„Fürwahr: Die Vereinigten Staaten entwickeln angeblich keine Offensivwaffen. Jedenfalls weiß die Öffentlichkeit nichts davon. Dabei entwickeln sie diese ganz bestimmt. ... Wir wissen, dass in den Vereinigten*

Staaten aktiv an einem Raketenabwehrsystem gearbeitet wird und dass es bereits der Bestimmung übergeben wird. ... Das bedeutet, dass wir hypothetisch davon ausgehen, dass einmal der Zeitpunkt kommen wird, wo die eventuelle Bedrohung durch unsere Nuklearkräfte, durch die heutigen Nuklearkräfte Russlands, völlig neutralisiert wird. Wenn dem aber so ist, so bedeutet das, dass das Kräftegleichgewicht absolut zerstört wird und dass bei einer der Seiten das Gefühl einer völligen Sicherheit entstehen wird, was ihr Handlungsfreiheit geben würde, und zwar nicht nur in lokalen, sondern vielleicht bereits auch in globalen Konflikten".

Die Angst Putins und Russlands ist also darauf zurückzuführen, dass ihre Aggressionswaffen ineffektiv werden könnten und das Land einer Aggression schutzlos ausgeliefert sein könnte – es geht demnach um die Debatte von Glaubwürdigkeiten: würden die USA überprüfbar machen, dass sie keine Aggressionswaffen gegen Russland mehr entwickeln, dann könnte ein Vertrag entsprechend meinem Vorschlag M&D S.342 entstehen: beide entwickeln nur noch Defensivwaffen. In einer „neuen NATO" könnten sich sogar beide verbünden und im Aggressionsfall, z.B. durch China, einander Beistand leisten (stattdessen drängen in unseren Tagen die USA China und Russland gegen sich zusammen).

Ist nur Täuschung, was Russland vorbringt, z.B. „ *... dass wir einen Vertragsentwurf über die Vermeidung einer Stationierung von Waffen im Weltraum vorbereitet haben. In der nächsten Zeit wird er allen Partnern als offizieller Vorschlag zugeleitet werden. Lassen sie uns gemeinsam daran arbeiten.*

Außerdem nutzt Putin die Gelegenheit, an den „ *... kritischen Zustand des Vertrages über die konventionellen Streitkräfte in Europa zu erinnern. ... Der adaptierte Vertrag über die konventionellen Streitkräfte in Europa wurde 1999 unterzeichnet. Er berücksichtigte die neue geopolitische Realität – die Liquidierung des Warschauer Paktes. Seither sind sieben Jahre vergangen, und nur vier Staaten haben dieses Dokument ratifiziert, darunter die Russische Föderation".* Dazu antwortet die NATO, sie erfülle erst dann den Vertrag, wenn Russland aus Moldawien und Georgien abgezogen ist – bis München waren dort noch 1500 Mann stationiert.

Auf die Frage, ob er zugebe, dass die NATO nur Länder als Partner aufnehme, die den Wunsch dazu äußern, antwortet er: *„Die Erweiterung der militärischen Infrastruktur in der Nähe unserer Grenzen hat hier mit dem demokratischen Auswahlrecht einzelner Staaten nichts zu tun. Diese beiden Begriffe dürfen nicht verwechselt werden".*[64] Inwieweit das eine ohne das andere möglich bzw. sinnvoll wäre, bleibt offen: Mitgliedschaft in der NATO ohne Bedrohung Russlands durch Stationierung „militärischer Infrastruktur". Putin weiter: *„Wir sind ständig im Gespräch mit Herrn Solana über diese Probleme und er kennt unsere Position. Wir sind bereit, auch weiterhin in dieser Richtung zu arbeiten. ... Aber was geschieht zur selben Zeit? In Bulgarien und Rumänien entstehen so genannte leichte amerikanische Vorposten-Basen mit jeweils 5000 Mann. Das bedeutet, dass die NATO ihre*

---

[64] http://www.ag-friedensforschung.de/themen/Sicherheitskonferenz/2007-putin-disk.html, abgefragt am 25.06.2020

Stoßkräfte immer dichter an unsere Staatsgrenzen heranbringt, und wir, die wir uns streng an den Vertrag halten, in keiner Weise auf dieses Vorgehen reagieren. ... das ist ein provozierender Faktor, der das Niveau des gegenseitigen Vertrauens senkt. Nun haben wir das Recht zu fragen: Gegen wen richtet sich diese Erweiterung? Und was ist aus jenen Versicherungen geworden, die uns die westlichen Partner nach dem Zerfall des Warschauer Vertrages gegeben haben? ... ein Zitat von einem Auftritt des Generalsekretärs der NATO, Herrn Wörner, am 17. Mai 1990 in Brüssel bringen. Damals sagte er: „Schon der Fakt, dass wir bereit sind, die NATO-Streitkräfte nicht hinter den Grenzen der BRD zu stationieren, gibt der Sowjetunion feste Sicherheitsgarantien." Wo sind diese Garantien? [64]

Zu seinen Bemerkungen betreffend den Iran und dessen potentielle Atombedrohung durch Länder außer USA und Russland fragt jemand: *„In den 1990er Jahren haben russische Experten den Iran bei der Entwicklung von Raketentechnologien tatkräftig unterstützt".* Dazu antwortet Putin: *„Erstens habe ich keine Angaben, dass Russland in den 90er Jahren dem Iran bei der Entwicklung von Raketentechnologien geholfen hat. Dort waren nämlich andere Staaten sehr aktiv. Die Technologien wurden über verschiedene Kanäle übermittelt. Wir haben Beweise dafür. Ich habe sie seinerzeit unmittelbar dem Präsidenten der Vereinigten Staaten übergeben. Die Technologien fließen sowohl aus Europa als auch aus asiatischen Staaten. Russland hat damit also nicht zu tun, das können Sie mir glauben. Russland hat die geringste Beziehung dazu, wenn es überhaupt eine hat. Ich habe in jener Zeit noch in Sankt Petersburg gearbeitet. Aber wir haben uns damit nicht befasst, können Sie mir glauben. Aber es ist möglich, dass dort auf der geschäftlichen Ebene etwas geschah.... Unsere militärtechnische Zusammenarbeit mit Iran ist minimal. Einfach minimal. Ich weiß nicht, was es für Zahlen dafür gibt. Überhaupt machen unsere Rüstungslieferungen in die Nahostregion einen Bruchteil der Lieferungen anderer Länder, einschließlich der Vereinigten Staaten, aus. Wir liefern einfach unvergleichbar weniger. Vor kurzem haben wir Luftabwehrsysteme dorthin geliefert, das stimmt, mit einer Reichweite von ungefähr 30 bis 50 Kilometern. Das stimmt. Wozu haben wir das getan? Das kann ich erklären. Wir haben das getan, damit sich Iran nicht in die Enge getrieben fühlt."* Diese spontane Erklärung Putins sagt einiges über seine eigene Befindlichkeit und Einschätzung der Lage Russlands aus.

Zur Energiepolitik mahnt er in der Rede an, die EU sei nicht bereit, sich zu dauerhaften Verträgen zu verpflichten. Auf eine Frage antwortet er, dass die bisherigen Vereinbarungen von beiden Seiten nicht erfüllt würden: *„Doch die Charta selbst passt uns nicht ganz. Denn sie wird weder von uns noch von unseren europäischen Partnern erfüllt .... unsere Beziehungen mit der EU sind nicht auf die Energiewirtschaft beschränkt. Es gibt weitere wichtige und interessante Kooperationsbereiche, wie Landwirtschaft, Hochtechnologien oder Verkehr. Wir können doch nicht das alles in das Rahmenabkommen aufnehmen. Oder möchten Sie nur das aufnehmen, was Sie brauchen, wobei das, was wir brauchen, ausgeklammert wird?"*

Ad Wirtschaft und WTO: *„Wir sind bereit, ehrlich zu konkurrieren ... Nennen wir die Dinge doch beim Namen: Mit der einen Hand wird „wohltätige Hilfe" geleistet, aber mit der anderen wird nicht nur die wirtschaftliche Rückständigkeit konserviert, sondern auch noch Profit gescheffelt. Die entstehenden sozialen Spannungen in solchen depressiven Regionen führen unausweichlich zum Anwachsen des Radikalismus und Extremismus, nähren den Terrorismus und lokale Konflikte. Aber wenn das zudem noch, sagen wir, im Nahen Osten geschieht, unter den Bedingungen eines zugespitzten Verständnisses der äußeren Welt als einer ungerechten, dann entsteht das Risiko einer globalen Destabilisierung".*

Er meint, die OSZE setze NGOs sozusagen verdeckt zur Durchsetzung der Interessen einzelner Ländergruppen ein. Das Problem der Zwickmühle zwischen Souveränität der Staaten und Menschenrechten M&D S.172 präsentiert er einen naiven Standpunkt, wenn er zur OSZE feststellt, sie diene *„ der Überwachung der Einhaltung internationaler Normen auf dem Gebiet der Menschenrechte .. . Das ist eine wichtige Aufgabe, die wir unterstützen. Aber das bedeutet keine Einmischung in die inneren Angelegenheiten anderer Staaten und erst recht nicht, diesen Staaten aufzudrängen, wie sie zu leben und sich zu entwickeln haben".* Die OSZE solle nämlich *„ihre Beziehungen mit den souveränen Staaten auf der Grundlage der Achtung, des Vertrauens und der Transparenz"* gestalten. Wie aber können Menschenrechte „international" unterstützt werden, während gleichzeitig die Souveränität von menschenrechtsverletzenden Staaten gewahrt bleibt? Wie also kann die OSZE z.B. in Tschetschenien oder der Ukraine die Menschenrechte unterstützen und gleichzeitig die Souveränität Russlands und seiner extraterritorialen Interessen respektieren?

Seine Position eines Außenseiters am Rande der Bühne der Weltpolitik dokumentiert Putin mit seiner abschließenden Bemerkung, dass Russland *„gerne mit verantwortungsvollen und ebenfalls selbstständigen Partnern zusammenarbeiten [möchte] am Aufbau einer gerechten und demokratischen Welt, in der Sicherheit und Aufblühen nicht nur für Auserwählte, sondern für alle gewährleistet ist".* In der Diskussion sagt er sodann auf die Frage betreffend Tschetschenien: *„In Tschetschenien benutzen wir heutzutage wirtschaftliche und politische Hebel, während sich um die Gewährleistung der Sicherheit das tschetschenische Volk selbst kümmert. Die Sicherheitskräfte, die dort gebildet wurden, bestehen nämlich fast zu 100 Prozent aus Einheimischen, aus Tschetschenen".*

Auf die Frage betreffend „innenpolitische" Probleme im Zusammenhang mit der Tätigkeit westlicher NGOs in der Ukraine sagt er: *„Was beunruhigt uns? Ich kann das sagen und denke, das ist für alle verständlich: Wenn diese nichtstaatlichen Organisationen im Grunde genommen von ausländischen Regierungen finanziert werden, so betrachten wir das als ein Instrument ausländischer Staaten bei der Realisierung einer Politik gegenüber unserem Land. Das ist erstens. Und zweitens: In allen Ländern gibt es bestimmte Regeln für die Finanzierung beispielsweise von Wahlkampagnen. Über die nichtstaatlichen Organisationen erfolgt die Finanzierung aus Regierungsquellen anderer Länder. Wie kann das gehen? Ist das etwa eine normale Demokratie? Das ist eine latente, vor der Gesellschaft verborgene Finan-*

zierung. Was ist daran demokratisch? Können Sie mir das sagen? Nein. Das können Sie nicht. Und das werden Sie niemals können. Weil das keine Demokratie ist, sondern eine Beeinflussung des einen Staates durch einen anderen".

Wer will, kann daraus Motivationen für die Beeinflussung von Wahlen in USA und UK ablesen, aber auch sein Gefühl des sich in die Enge getrieben Sehens.

Zu Ängsten der Bevölkerung in seinem Land: *„Wir haben noch sehr viele Probleme. Wir haben noch sehr viele ungelöste Probleme. Darunter auch Probleme, die mit der Armut verbunden sind. Und ich werde Ihnen sagen, dass die Ängste hauptsächlich diesen Ursprung haben",* eine Feststellung, die an den Kommentar eines russischen Politologen W. Inosemzew (s. Bd. II S. 98f) erinnern.

Abschließend kommentiert Putin zu Problemen von Journalisten und sagt: *„ ... werden wir zweifelsohne beharrlich gegen solche Erscheinungen ankämpfen und die Täter hart bestrafen, die versuchen, das Vertrauen gegenüber Russland zu untergraben und unser politisches System ins Wanken zu bringen".*

K11 Die kapitalistische Welt-Alleinherrschaft

Es irrt, wer glaubt, Roboter, Software, Artificial Intelligence würden als autonome Systeme beginnen, die soziale Welt zu beherrschen, wie dies Karel Čapek, der Erfinder des Namens "Roboter", in seinem Roman [65] zeichnete: diese Automaten sind sämtlich Sklaven von auftraggebenden Interessenten, die clever genug sind, die Wahrung dieser ihrer Interessen zu überprüfen: führen sie zum gewünschten Ergebnis, werden sie beibehalten, solange sie nicht von Mächtigeren zur Aufgabe gezwungen werden. Die Gefahr geht also nicht von den Automaten aus sondern von der Sozialmoral derer, die sie sich als Sklaven halten und ihre Moral in diese Automaten einbauen lassen.
Die Moral von einem von ihnen lautet: „Lass uns reiche Leute reicher machen" – so der Slogan von BlackRock. Larry Fink machte die Firma BlackStone zu BlackRock – den Rest bewirkte Machtbesessenheit, die ihm von Biographen attestiert wird:
Alle Kleineren haben Angst vor BlackRock, vor allem kleine Mitarbeiter. BlackRock profitiert mittlerweile von seinen eigenen Mitarbeitern, indem es durch die Manipulationen mit den Pensionsfonds der Mitarbeiter Gebühren von ihnen einhebt – in der Summe viele Millionen.
Fink ist mittlerweile so gut wie alleinverantwortlich für Pensionsfonds weltweit. Wenatchy an der Grenze zu Kanada – hier hat BlackRock sein riesiges Computerzentrum: Software ALADIN mit AI sorgt automatisch für Käufe und Warnungen vor unvorteilhaften Käufen. Welche Firmen sind Geheimtipps, welche sind Fallen. BlackRock verkauft diese Informationen weiter, ALADIN macht BlackRock noch reicher. „Allwissendes Hilfsmittel".

---

[65] Karel Čapek, Der Krieg mit den Molchen, Aufbau Verlag 2000 (Europa 1936)

„Ethecon" ist seine Plattform, auf der Fink ethisches Verhalten vorgibt, das dann seine eigenen Subfirmen oder Auftraggeber konterkarieren – seinem vorgegebenen Anspruch wird er also keinesfalls gerecht. Was zählt, ist der Profit, nicht die Ethik, nicht die Sozialmoral. Manager großer Firmen sind von BlackRock zunehmend abhängig, weil sie Großinvestoren als Stabilisatoren ihrer Firmen brauchen. BlackRock gibt also die Regeln vor.

Rheinmetall, eine jener Firmen, in die BlackRock groß investiert, ist der größte Rüstungskonzern Europas – dort verdient man an Kriegen und Bürgerkriegen. Andere Firmen sind Umweltschädlinge (z.B. Stromfirmen, die mit Kohle arbeiten).

Der US-Airline-Markt: je weniger Firmen, desto höher die Ticketpreise.

„Common ownership" ist der Name für die von BlackRock angebotene und organisierte Lösung. BlackRock beginnt also, ganze Branchen zu kontrollieren, wenn es bei allen Firmen Investor ist, also alle mitkontrolliert. Außerdem sagt Ökonomie-Professor Martin Schmalz (Köln, Oxford etc.) aus seinen Studien, dass Preise und Profit steigen, wenn die Firmen einander weniger konkurrenzieren, weil sie alle den gleichen Investor haben – Umgehung unerlaubter Kartellbildung also. Es handelt sich um eine depersonalisierte Absprache. Investoren sprechen seit 2008 nicht mehr mit Banken, sondern mit Beratern wie Fink und und seinem ALADIN. Kritiker Schmalz gefährdet die Interessen von BlackRock und dem Prinzip von common ownership. BlackRock kauft massiv Gegengutachten gegen Schmalz.

Mittlerweile berät Fink Länder wie das Finanzwesen der USA und bekommt Einblick in die Finanzen dieser Länder, Daten, die er wieder in ALADIN einspeist. Er bekommt vor allem Aufträge, das Bankwesen zu kontrollieren. Auch die EZB arbeitet eng mit Fink und ALADIN zusammen. Er kann also Daten aller Banken Europas für sich verwenden. Nach außen wird behauptet, es werde nur über firewalls gearbeitet, die verhindern, dass Fink die EZB-Daten verwendet. Diese firewall, die „chinese wall", funktioniert nicht wirklich:

Die Privatisierung von Einrichtungen in Griechenland zum Zweck der Staatssanierung im Auftrag der EU führte dazu, dass zuallererst BlackRock seine Kontrolle darüber bekam. BlackRock kaufte griechische Staatsanleihen zu einer Zeit, als es die Daten des Landes prüfte (im Auftrag der EU?).

BlackRock verdient mehrfach: einmal als Berater, dann als Verkäufer jener Daten via ALADIN, in die es im Rahmen dieser Beratungen Einblick bekam – man verkauft überdies Daten an Dritte, die man im Rahmen eines bezahlten Auftrags ermittelte; Verzinsung des verdienten Geldes in einem Niveau, wie keine Bank der Welt sie bieten könnte.

BlackRock kaufte Obrador, den Präsidenten von Mexiko, weil BlackRock dort massiv investiert hatte, z.B. in eine Pipeline, Energie-Industrie PEMEX, die aus der Verstaatlichung teilweise herausgenommen wurde. BlackRock ist überhaupt einer der Hauptinvestoren in Mexiko, neben der Energie-Industrie auch in die Pensionsfonds.

BlackRock plaziert Leute in andere Firmen, um dann deren Entscheidungen beeinflussen zu können, oder umgekehrt, Drehtüreffekt. Merz in Deutschland ist

einer davon: von BlackRock kommend, will er in die Führung der deutschen
Politik, bleibt also aus Eigeninteresse V-Mann für BlackRock. Merz versuchte, die
deutschen Pensionsfonds steuerlich begünstigen zu lassen, ein Vorgang, bei dem
BlackRock als Großinvestor bei den Pensionsfonds profitiert. Z.B. „Deutsche
Wohnen", wo BlackRock Großinvestor ist.
Politiker, z.B. Macron, wollen Investoren ins Land locken, also z.B. Fink, der dann
wieder Einblick und Kontrolle in ein weiteres Land bekommt, für ALADIN und
seinen Knowhow-Verkauf, auch für seine eigenen Geschäfte, also Identifizierung
profitträchtiger Firmen. Frankreich und Deutschland geben BlackRock die Möglichkeit, in Entwicklungsländern Fuß zu fassen, jedenfalls in deren Wachstums-
zonen.
Die „Finanzialisierung" wird in erster Linie von BlackRock et al. betrieben, mit
deren Slogan eben: lasst uns die Reichen reicher machen – hier ist also eine
Quelle des social divide.

Wie zuvor HSBC ist auch BlackRock „too big to fail" – und nicht nur diese beiden:

Amazon und die Weltherrschaft

Bezos hat den Traum von einer freien, besseren Welt verraten, indem er daraus
ein kapitalistisches Imperium gemacht hat. Das ist ein generelles Prinzip des
Kapitalismus: sag mir deinen Traum, ich verwirkliche ihn für dich - und macht
daraus ein Geschäftsmodell, indem er alle Anderen dazu verführt: z.B. online-
Handel. Amazon wird die Schnittstelle zwischen allen Herstellern und Kunden
der Welt. Amazon ist bereits unerreichbar. Nur Regierungswiderstand kann sie
stoppen, und auch das ist nicht sicher, solange nicht die Staaten ein Kartell dagegen bilden – die globale Mindestbesteuerung wäre ein erster Erfolg.

Amazon ist gleichzeitig Einzelhändler und Zwischenhändler. Mit seinem Online-
Handel hat die Firma fast schon die ganze Welt erobert, dominiert sie heute
bereits, außer in Russland und China; verbleibendes Schlachtfeld ist Indien. Den
Konkurrenten Alibaba aus China überragt Amazon um das Vierfache, Ebay um
gut das Zweieinhalbfache. Indien wehrt sich und vergleicht die feindliche
Übernahme durch Amazon mit jener der Engländer in der Geschichte; die
indische Regierung schränkt Amazon ein, verbietet den Handel, wann immer
Indien eigene Firmen für den Vertrieb hat. Aber Amazon investiert 4 Mrd. in
Indien, versucht, sie niederzuringen.
Globaler Amazon-Buchhandel dominiert schon mit über 50%, die anderen geben
schrittweise auf. Wohl wegen seines Buchmarktes bekam Bezos von Springer
den Innovationspreis. Als nächstes ist die Unterhaltungsindustrie dran: Bezos
kauft Filmstudios in Hollywood; hier wird interessant, wer im Kampf als Sieger
hervorgehen wird: das US-Militär als Drehbuch-Kontrollor oder die Amazon-
Werbebranche.
Weltweit hat Amazon über eine halbe Million Angestellte, 200 Mrd. Umsatz im
Jahr (BlackRock 14 Mrd., verwaltet aber 7 Billionen US$. Zum Vergleich:
Deutschland machte im Jahr 2019 13 Mrd. Gewinn). Bezos beherrscht 20% der
Innenstadt von Seattle, dem Firmensitz. Der social divide ist dort so exorbitant,

dass viele normale Angestellte obdachlos sind, weil sie sich keine Wohnung mehr leisten können. Amazon initiiert Kampf gegen die Gemeinde. Danach initiierte Bezos eine eigene Wohnungspolitik und bezahlte das Zehnfache an Unterstützung für seinen eigenen Plan.

Zur unkontrollierten Paranoidie dieses Prozesses, des Wunsches nach alleiniger Weltherrschaft, habe ich bereits mehrfach unter Hinweis auf Elias Canetti weiter kommentiert.[66]

Mit Arbeitsplatzdrohung und Steueroasen halten diese Großen die Politik in Schach und an den Strippen ihrer weltumspannenden Macht. Wird die Staatengemeinschaft nun ihr gemeinsames Interesse umsetzen und sich mit Instrumenten wie „Mindeststeuersatz" im Interesse des sozialen Gemeinwohls aller Staaten durchsetzen? USA, G-7 und EU haben die entsprechenden Beschlüsse bereits gefasst. Nun ist die G-20 an der Reihe, werden Aufbegehrer gegen die Hegemonie der USA und des Westens wie China und Russland wieder alle Hebel dagegen drehen. China ist bereits zum vermeintlichen Schutzhafen einer Finanzmacht geworden, die man als „too big to fail" eingestuft hatte: nun handelt HSBC,[67] ursprünglich Privatbank der englischen Königin und Kaiserin von Indien, Victoria, unter den Fittichen jener kommunistischen Partei, die es bislang am längsten geschafft hat, an der absoluten Macht zu bleiben und den Spieß umzukehren – also mit der Marktwirtschaft am Gängelband, nicht umgekehrt wie im Westen.

Es steht außer Zweifel: der „freie" Westen braucht jetzt eine Idee, am besten eine Sozialmoral, die seinem eigenen Anspruch gerecht wird. Seine bisherige moralische Mehrbödigkeit macht ihn angreifbar, bietet China breite Angriffsflächen für seine tausend Krakenarme in unbeachtete Winkel, schlüpfrige Bereiche, düstere Unterböden westlicher Moral – Corona wurde zum Fingerzeig für Alle, die es bis dahin normal fanden, dass man in Billiglohnländern produzieren lässt und obendrein über die industriebedingte Umweltverdreckung dort schimpft, ohne Gewahrsein dafür, dass man selbst handwerkliche Fähigkeiten und Produktionsstätten verliert, abhängig geworden ist. Sozial-Hedonismus ist keine gute Idee, er ist die Pflasterung des Weges in den Untergang. Journalistisches Raunzen über die Sieger in diesem Zeitgeist, die raubkapitalistischen Finanz- und Wirtschaftsriesen ist Ausdruck von Rat- und Hilflosigkeit, bestärkt also die Riesen nur auf ihrem Kurs.

Eine Neue Aufklärung tut Not.

K12 Der fatale Fehler der Engländer

Aus der Sicht der Briten verlief die Geschichte der Entstehung einer Europäischen Union anders: sie hatten schon im Vorfeld der Verhandlungen ihre Teilnahme an einer Europäischen Union arrogant und selbstverständlich ohne ver-

---

[66] Z.B. L.M. Auer, „Canetti, Masse, Macht und Paranoia" in: Kommentare zu Mensch und Demokratie, BoD 2021, S. 27 [E10].

[67] Zu HSBC habe ich in „Mensch und Demokratie", LIT 2021, S. 161 weitere kommentiert.

balen Verweis auf ihren Weltmacht-Status als nicht adäquat erachtet. Seither wurde die Mitgliedschaft wiederholt angestrebt und in Frage gestellt. Churchill hatte sie in seiner Rede lediglich den Europäern empfohlen, damit sie künftig Frieden geben sollten; Großbritannien selbst würde sich daran nicht beteiligen. Als 1961 unter Premier Macmillan und nochmals 1967 unter Harold Wilson dann doch der Beitritt zur EWG beantragt wurde, verhinderte de Gaulle bis zu seinem Rücktritt diese Mitgliedschaft und wandte sich ostentativ Deutschland zu. Als sie dann 1973 endlich verwirklicht wurde, war man schon wieder unglücklich darüber und veranlasste die erste Volksabstimmung – auch die erste in der Geschichte des Landes überhaupt. Damals ging sie mit deutlicher Mehrheit *für* Europa aus. Mit ihrem legendären Ausspruch „We want our money back" hatte Lady Thatcher schon 1978 die wahre Haltung der Tory-Briten der EU gegenüber nochmal verdeutlicht, mit der sie all Jene brüskieren, die sich um die EU als Solidargemeinschaft bemühen. Spätestens 1984 begannen die Unstimmigkeiten, Unzufriedenheiten und Sonderwünsche der Briten, bis man dem „Briten-Rabatt" zustimmte; dem Schengen-Abkommen verschloss sich das Land bereits wieder, ebenso der Währungsunion und Einführung des Euro.

Herr vergib ihnen, obwohl sie nun langsam wissen sollten, was sie da tun

Im Jahr 2016 kam dann der Paukenschlag mit dem Austrittsvotum. Es war nicht nur durch populistische Werbung der rechtsextremen Partei UKIP medial gesteuert worden, sondern vor allem auch durch die Publikation falscher Fakten durch die Tories und übertriebene Angstmache; aber auch die vorbeugende Bereitschaft eines isolationistischen Volkes und das tiefsitzende Misstrauen der älteren Bevölkerung gegenüber dem Kontinent, allen voran gegenüber dem verhassten und gleichzeitig eifersüchtig beneideten Deutschland, spielte eine wesentliche Rolle, wenn es nicht überhaupt die treibende Kraft war, Ansporn für Politiker zur Umsetzung des Volkswillens.

Zu Beginn der Debatten um den Austritt der Briten seit 2013 (Camerons Bloomberg-Rede [68]) war die Aufmerksamkeit geteilt, weil die Griechenland-Krise Europa in Schach hielt. Ab Mitte 2015 lief die Migrationskrise der Brexit-Debatte den Rang ab. Im Rahmen der agonalen Brexit-Verhandlungen des Jahres 2020 begann die Corona-Krise das Gerangel um ökonomische Vorteile mitzubestimmen, indem Flughäfen Europas ein Landeverbot für britische Flugzeuge verhängten und der Eurotunnel gesperrt wurde. Endlich also hatte die EU ein Feindbild gefunden, an dem sich die Gemüter vereinen konnten – am Astra-Zeneca-Impfstoff und den Liefersperren konnten sie sich weiter erhitzen. Der irrtümliche Vorgang an der inner-irischen Grenze im Impfstoff-Streit war am ehesten noch der Verärgerung und Erschöpfung der Brüsseler Beamten und Politiker über die nicht endende Sonderrechts-Elegie der Briten zu schulden.

Der frühere Premierminister von Belgien (1999-2008), Guy Verhofstadt, hatte schon seit Jahren wiederholt, zuletzt in seinem Buch „Europe's last Chance",

---

[68] H. Wagner, Unser Europa: Konstruktion und Zukunft der EU, LIT-Verlag 2016, S. 50

herbe Kritik an der Untätigkeit und Unaufrichtigkeit der Mitglieder geübt, warb ein weiteres Mal wortstark um eine letzte Chance für Europa [69] – und dennoch brach das drohende Brexit-Drama los. Man hatte sich zu sicher gefühlt. Sogar die erfahrenen Politiker taten - nichts, jedenfalls nichts anderes als abzuwarten, welches Zufallsergebnis Demokratie diesmal bringen würde. Dabei hätte es auf beiden Seiten, der britischen Regierung und der EU, reichlich Material für „faire Gegenpropaganda" gegeben, denn allzu unverhohlen bedienten sich Brexit-Befürworter falscher Zahlen über die Finanzpolitik zwischen Briten und EU sowie der EU selbst (die mit 7% overheads für die eigene Verwaltung vergleichsweise sparsam mit dem Geld der Mitglieder umgeht – der Rest der Einzahlungen geht in die gemeinsam beschlossenen Entwicklungsprojekte).

Cameron hatte sich getäuscht:[70] das Referendum ging gegen ihn aus. Am 23. Juni 2016 stimmten 51,9% der Briten für den Brexit: dazu kann man nicht genug hervorheben, dass sich 62% der Schotten und 56% der nord-irischen Briten dagegen aussprachen (daher „Engländer" im Untertitel dieses Kommentars); bedrohliche Risse im Gemäuer des Vereinigten Königreichs der ersten Demokraten der europäischen Neuzeit, die seither immer tiefer werden.

Das Britische Empire – damals Sieger im Wettstreit um die Welt, stets das Mächtegleichgewicht auf dem Kontinent im Blickfeld, militärisch aktiv, wann immer eine Macht überhandzunehmen drohte – Ludwig XIV. in Blindheim, Napoleon in Waterloo, Deutschland in beiden Weltkriegen an verschiedenen Fronten – dieses Empire, größter Sklavenhändler der Welt und globale Hegemonialmacht dank der Kolonialbesitzungen - wurde größter Verlierer am Ende der Kolonialzeit. Mehr als alle anderen Kolonialmächte hätten die Briten jetzt Gelegenheit und Verantwortung, im Verbund der Union gutzumachen, was diese Kolonialzeit global angerichtet hat. Die Briten machen gegenwärtig den Versuch, ihre Fehler zu wiederholen, anstatt sie mit vorbildlichen Bemühungen zu kompensieren und fortgesetzt Andere aus historischen Gründen für ewig verantwortlich zu machen. Von Weizsäcker schreibt in der 2017-Publikation des Club of Rome, dass die Briten *die EU immer schon als reine Handelsunion sehen wollten",*[71] - quasi als Erweiterung ihres Commonwealth. Hätten die Briten doch beherzigt, was ihnen ihr Doyen der Geschichtsschreibung, Arnold Toynbee, schon 1976 mahnend schrieb: die Wirtschaft ist längst global, nur die Politik hinkt in Regionalismus und Nationalismus hinterher. Politische Integration ist nun im Sog des Diktats der Wirtschaft eine Notwendigkeit.[72] Letztlich meint er zwar damit, dass ohnehin die Wirtschaft die Welt regiert, der Kapitalismus, nicht die Politik. Hier aber

---

₆₉ G. Verhofstadt, Europe's Last Chance, Basic Books 2017

[69] G. Verhofstadt, Europe's Last Chance, Basic Books 2017

[70] O. Schmuck, Die Konferenz zur Zukunft Europas, Portal für Politikwissenschaft, 16.03.2020, https://www.pw-portal.de/die-krise-der-europaeischen-union/41053-die-konferenz-zur-zukunft-europas#f1 vom 14.01.2021.

[71] E.U. v. Weizsäcker, „Wir sind dran. Club of Rome: der große Bericht: Was wir ändern müssen, wenn wir bleiben wollen." Gütersloher Verlagshaus 2017, 1.1. Verwirrte Welt

[72] A. Toynbee, Menschheit und Mutter Erde. Die Geschichte der großen Zivilisationen. Claassen 1979.

mag Vorsicht geboten sein angesichts des Erfolges von nachrückenden Autokraten und des Wachstums von Riesen wie China mit seinem alles andere als demokratischen System – es ist noch nicht lange her, dass sich alle Industrie einem Regime angebiedert hat.

Ein kleines Land, einstige Großmacht auf Kosten seiner Kolonien, irrt verblendet abseits von der schützenden Gruppe. Gemeinsamer Schutz der gemeinsamen Werte hätte Allen gedient – in freier Wildbahn warten die Räuber, innen wie außen. Das Programm heißt „Global Britain", jetzt ohne Anspruch auf „Great", dafür aber als Imitat des „Global Europe"-Programms der EU (siehe hier K15):

Die gegenwärtige britische Regierung mit ihrem „Global Britain"-Programm lehnt eine militärische „institutionalisierte Zusammenarbeit" mit der EU ab, insbesondere eine formale Einbindung in ein Gesamtkonzept europäischer Verteidigungspolitik.[73] Stattdessen positionieren sich die Briten zusammen mit den USA entschieden gegen China und streben wirtschaftlich eine CPTP-Partnerschaft (Progressive Agreement for Trans-Pacific Partnership [(CPTPP]) an und wollen sich damit weiter und endgültig von der EU distanzieren. Dabei leben sie derzeit zur Hälfte von der provisorischen Fortsetzung von Handelsverträgen aus ihrer Zeit in der EU, ausgehandelt von der EU. Im Grunde also agiert UK wie eine kleine EU, imitiert die Mehrzahl ihrer Aktivitäten, erklärt sie zu ihren eigenen, mit dem Vorteil, mobiler zu sein als die behäbige EU. „Global Britain" versucht außerdem, die EU zu spalten und zu schwächen, indem es isoliert mit Deutschland und Frankreich über weltpolitische Themen verhandelt, als Quartett zusammen mit den USA. Der deutsch-britische Freundschaftsvertrag ist ein Beispiel für die erfolgreiche Unterwanderung der EU, zugelassen und befürwortet von einzelnen seiner Mitglieder; dass die Lokomotive Deutschland den eigenen Vorteil gegen die EU sucht, stimmt bedenklich. Die Zukunft wird zeigen, welche Folgen die Reaktion der anderen EU-Staaten darauf haben wird. Ggf. wird auch interessant, ob Merkels Umsetzung dieses bilateralen Freundschaftsvertrages ein diplomatischer Schachzug zur engeren Einbindung der Briten in europäische Interessen darstellt, mit dem Ziel sie nicht angesichts zunehmender Distanzierung der USA von der EU an die USA zu verlieren.

K13 Fluch aus dem Hades. Opfer der Corona-Pandemie

Wir brauchen zwei Welten, manche Völker schon drei jedes Jahr; wir verbrauchen die Welt. Solange sie uns lässt; bis zum letzten Moment, in blinder Gier, will es scheinen.
Plötzlich sind wir in der Erdgeschichte aufgetaucht und haben rasch begonnen, ihr lästig zu werden, der Welt, unserer Umwelt und Sphäre. Forscher errechnen Warnungen, erste davon haben uns schon im Griff, als Krisen, sogar als Katastrophen. Die Neueste davon ist auch nicht neu. Viele ihrer Opfer sind Opfer dieses

---

[73] C. Major, N. von Ondarza, Die EU und Global Britain: So nah, so fern. https://www.swp-berlin.org/10.18449/2021A35/, vom 02.06.2021

unseres Grundverhaltens, einer rücksichtslosen Raffgier, dirigiert von den Gierigsten.

In Österreich erinnerten Bürgermeister an die für ihre Demokratie so bedeutenden Werte, allen voran die Gleichheit, und ließen sich vorerst einmal selbst impfen. Aus Dänemark kam darauf der nüchterne Kommentar: bei uns werden die Impfungen nach einem festen Schlüssel bundesweit von zentral organisiert, das haben wir Anfang Dezember 2020 (!) so vereinbart; deshalb kann so etwas hier nicht vorkommen. In der Mehrzahl der Länder wurde mit der Planung der Impflogistik erst begonnen, als der Impfstoff schon unterwegs war- nicht etwa im Jahr 2012, als konkrete Warnungen an die Regierungen aus der Forschung kamen; wie gesagt, auch diese Pandemie als Warnung ist nicht neu:

Noch im Jahr 2012 erstellte das deutsche Robert Koch Institut (RKI) nämlich eine Risikoanalyse mit Empfehlungsdossier aus den Erfahrungen mit SARS-Corona aus 2002/2003 (Letalität 10% unter 8000 Infizierten), MERS 2012.[74] Die Liste der Grippe-Epidemien und -Pandemien war auch bis dahin schon lang gewesen: Abgesehen von der allgemein bekannten „Spanischen Grippe" während des Ersten Weltkrieges hatte man eine Reihe weiterer vergessen gehabt, wie die Pandemie von 1957/58, die „Asiatische Grippe", mit über 1 Mio. Toten (T) weltweit (etwa 30.000 in Deutschland, D); die „Hongkong-Grippe" der Jahre 1968/69 (ca. 1 Mio. T global, 30.000 T in D); „Russische Grippe" 1977/78 (800.000 T global); Grippewelle 1995/96 (30.000 T global); Grippewelle 2004/5 (20.000 T in D); „Vogelgrippe" 2009/10 (ca. 20.000 T global); Grippewelle 2017/18 (300.000 – 600.000 T global, ca. 25.000 T in D [75]).

Eine Strategie mit Vorsorgemaßnahmen zur Vermeidung der im RKI-Bericht aus 2012 beschriebenen Engpässe und Probleme wurde weder ausgearbeitet noch umgesetzt– der Bericht wanderte in die Schubladen von Ministerien und Regierungspolitikern, so wie damals 1978 das Kühn-Memorandum zur Migrationskrise (siehe Band II S. 207ff). Statt Vorsorge angesichts wiederholter Warnungen trat offenbar das menschliche Phänomen der Gewöhnung in Kraft: man tat – nichts.[76] Denn Wissen und Warnung kamen nicht nach Europa, nicht in alle Welt, nicht zur WHO. *„Das Robert-Koch-Institut skizzierte ... bereits 2012 ein Pandemie-Szenario. Es ist nun praktisch genau so eingetreten. Deutschland hätte genügend Zeit gehabt, sich darauf vorzubereiten".*[77]

---

[74] Deutscher Bundestag, Bericht zur Risikoanalyse im Bevölkerungsschutz 2012.
https://dipbt.bundestag.de/dip21/btd/17/120/1712051.pdf,
https://www.bbk.bund.de/SharedDocs/Downloads/BBK/DE/Downloads/Krisenmana
gement/BT-Bericht_Risikoanalyse_im_BevSch_2012.pdf?_blob=publicationFile

[75] Grippewelle war tödlichste in 30 Jahren, Ärzteblatt 30.09.2019,
aerzteblatt.de/nachrichten/106375/Grippewelle-war-toedlichste-in-30-Jahren

[76] Zur Zeit der Schweinegrippe hatte die USA noch Vorsorgelager in Höhe von 7 Mrd. US$,
auch Masken und Schutzkleidung.

[77] https://www.gmx.net/magazine/news/coronavirus/corona-pandemie-
bundesregierung-2012-34570656, abgefragt am 01.04.2020.

Man hatte nichts aus den vorangegangenen Pandemien gelernt

Es gab zu Beginn der Corona-Krise keinen Plan für differenzierte Isolierung von Gruppen, z.B. arbeitende Menschen mit Grund- bzw. Vorerkrankungen, denen erlaubt werden sollte, bei vollem Gehalt in Isolierung zu gehen.

Die Corona-Krise hat auch die EU bloßgestellt: hätte man einen gemeinsamen Katastrophenplan entwickelt gehabt, so wäre wahrscheinlich der Verkehr nicht zwischen den einzelnen Staaten zu unterschiedlichen Zeiten mit unterschiedlichen Beschränkungen blockiert worden, und man hätte eine einheitliche Strategie bezüglich der Außengrenzen gegenüber z.B. USA und China gehabt. EU-weite Differenzierung von Isolierungen hätte zur Aufgabe für die EU geworden sein können.

Fachleute verschiedener Disziplinen hatten schon seit Jahrzehnten die Übertragungsmechanismen bei ansteckenden Krankheiten studiert und ihre Ergebnisse mitgeteilt. Einer davon war die Forschergruppe um Lloyd-Smith, die im Jahr 2004 publizierte, dass nach deren Erkenntnissen *„individual-specific control measures outperform population-wide measures"* [Kontrollmaßnahmen bezogen auf einzelne Erkrankte übertreffen jene, die sich auf die ganze Bevölkerung konzentrieren].*[78] Aus sexuell übertragenen ansteckenden Krankheiten wusste man bereits, dass 20% der Erkrankten für 80% der Krankheitsübertragungen verantwortlich sind,[79] dass es also „Super-Spreader" gibt, Personen, die weitaus ansteckender sind als die Mehrheit aller Anderen. Auf populäres Deutsch und Corona übertragen wäre diese Aussage etwa mit „Virenschleuder" zu bezeichnen. Nach Voruntersuchungen an Corona-Patienten sollen nur 10-20% der Infizierten den überwiegenden Anteil an Ansteckungen verursachen. Zwar weiß bisher niemand, auf welche Weise sich solche Personen oder Ereignisse feststellen lassen; sicher ist jedoch, dass die sicherste Methode dafür ist, jeden einzelnen Ansteckungsfall so perfekt wie möglich zu verfolgen, damit Muster von Ansteckungsverläufen auswertbar werden. Wer angesichts solchen Vorwissens nicht Vorkehrungen hierfür getroffen hatte, trug eine schwere Verantwortung und trägt jetzt entscheidend mit an den Folgen. – Nach Abklingen einer ersten Welle bekam die Welt immerhin eine zweite Chance.

Doch es war und wurde und blieb vorwiegend skurril:

Zu Beginn der Pandemie hätte China seine nach Deutschland gelieferten Schutzkleidungen zurückkaufen wollen; dies sei jedoch von deutschen Händlern zumindest teilweise abgelehnt worden, während große Mengen dennoch zurück nach China wanderten,[80] bis einige Zeit danach die deutsche Bundesregierung ein offizielles Exportverbot verhängte – und Österreich wieder einmal belästigt

---

[78] J.O. Lloyd-Smith et al. Superspreading and the effect of individual variation on disease emergence, Nature 2005, 438, S. 355-359. nature.com/articles/nature04153.

[79] M.E.J. Woolhouse et al., Heterogeneities in the transmission of infectious agents: Implications for the design of control programs. Proc. Natl Acad. Sci. 1997, 94, S. 338–342

[80] Versäumte Pandemievorsorge, Frontal 21 vom 24.03.2020, https://www.youtube.com/watch?v=faJ-DRzlD0A, abgefragt am 01.04.2020.

und verärgert für seinen Aktivismus an den Grenzen kritisierte. Danach kehrte sich der Imitationsverlauf politischer Entscheidungen schrittweise um: man machte es wie die Österreicher. Und je weiter westlich man sah, desto skurriler wurde die Demokratie: die Briten wurden neben den Spaniern, Italienern und Franzosen, und den USA, zu den Ländern mit den höchsten Opferzahlen pro Million Einwohner.

Im Elend rücken die Menschen nicht nur zusammen; es gibt auch Schleichhandel, Wucherei und Kriegsgewinnlertum. Während der Corona-Krise wurden nicht nur nach spontanen Grenz- und Exportsperren einige Patienten aus „Hot-Spots" in Kliniken mit freien Betten jenseits nationaler Grenzen gebracht. Man lobte sich selbst, ein wenig auch gegenseitig, vor allem jedoch berichtete man über Hilfslieferungen aus China und Russland möglichst kurz und nüchtern. Schutzkleidung musste im freien Welthandel zähneknirschend zum Vielfachen des fairen Preises erworben werden; und damit kommt man zurück zum Thema: es geht um Katastrophenplanung, um Vorsorge, um die Umsetzung von Gelerntem aus Erfahrungen.

Mittlerweile wird höchste Effizienz im Bereich Management und Logistik demonstriert; Politik und Medien schweigen über das Versagen bei der Vorsorge: sie war wohl wieder einmal dem Bürger nicht vermittelbar, bis sich die Nachrichten vom massenhaften Sterben zu überschlagen begannen. Ich will selbstverständlich nicht die törichte Behauptung aufstellen, dass bei zeitgerechter Vorsorge niemand gestorben wäre. Aber ich bemängle und kritisiere, dass nicht ab Tag null eine zeitgemäße Logistik der Verbreitungsvermeidung eingesetzt hat, die man seit 2013 hätte vorbereitet haben können, dass man deswegen nicht die Schutzbekleidungen aus den Depots holen konnte, weil sie dort nicht gelagert waren – schlecht geworden wären sie inzwischen nicht (aber zur Zeit des Kalten Krieges wurden um Milliarden Untergrundanlagen zum Schutz der Regierungen gebaut).

Beispielgebend sind Vorsorgemaßnahmen und Strategien wie Japans Zivilschutz- und Katastrophenplan für Erdbeben, in dessen Rahmen regelmäßig Übungen äquivalent zu den Feuerschutzübungen im Westen stattfinden: Einrichtungen des privaten und öffentlichen Sektors hätten Aktionspläne für den „wenn – dann" Fall entwickeln sollen, die eine sinnvolle Differenzierung von Maßnahmen zur inter-individueller Distanzhaltung bei Auftreten von Epidemien (nicht nur Corona, auch Grippe!) vorsehen, um die Ansteckungsgefahr zu minimieren. Zu dieser Vorsorge hätte auch gehört, nicht nur Öllager anzulegen, sondern auch solche für Schutzbekleidung und andere medizinische und hygienische Maßnahmen. Dass Schutzmasken bei Erkrankung der Atemwege hilfreich sind, weiß man in Fernost seit vielen Generationen. An Grippekranken hätte der Westen den wissenschaftlichen Beweis seit Jahrzehnten erbracht haben können.

Auch ein System zur Identifikation potentieller Virenträger via Mobiltelephon hätte man vor Jahren fertigstellen und testen können.

Nicht anders verhält es sich mit Distanzregeln, die jeweils dort ignoriert werden sollen, wo man keine Idee für eine Alternative entwickelt: in Massenverkehrsmitteln eingezwängt steckten Menschen einander an, um danach wieder Distanzregeln einhalten zu müssen – so war eine jeweils nächste Infektionswelle garantiert.

Als Ergebnis halbherziger Maßnahmen wurden Alle Zeugen hilflos rudernder oder zwischen eitel und stur streitender politisch Verantwortlicher. Manche Maßnahmen zeugten vor allem von einer der gefährlichsten Schwachstellen rechtsstaatlicher liberaler Demokratie mit ihrer neurotischen Widersprüchlichkeit zwischen Angst vor der Freiheitsforderung ihrer individualistischen Bürger und der Rechtsstaatlichkeit mit der in ihr verpackten absolutistischen Machtausübung der Justiz: nämlich dann, wenn Regeln die Bürger entmündigen, sie in die Rolle gedanken- und gewissenloser Marionetten von Verordnungen zwingen und sie zwischen stur erzwungenen, leeren Formalismen und verantwortungslosen Nachlässigkeiten im Management einsperren, anstatt ihr soziales Verantwortungsbewusstsein anzuregen und zu stärken. Wer 2021 durch Europa reiste, wurde mit diesem wirren Gemisch konfrontiert.

Inzwischen reichen Umweltkrise und Pandemie einander die Hand.

Plötzlich merken Alle – gerade so als wäre dies alles ohne ihr Wissen geschehen – dass sich ganze Kontinente von anderen Kontinenten abhängig machten, dass sie wichtige Produkte um die halbe Welt schipperten, um auf Kosten Ärmerer den eigenen Wohlstand besser bewahren zu können. All der egozentrische und opportunistische Wahnsinn lief ab, weil es nicht anders ging. Der Alltagswahnsinn wurde zu Beginn der Pandemie offenbar: Für Österreich kamen Handschuhe aus Malaysia, für mehrere Länder Europas Schutzkleidung und Masken aus China – als ob man in Europa nicht in der Lage wäre, selbst zu produzieren.

Diese unvermeidbaren Sachzwänge mit der Folge des drohenden Erstickungstodes in der Umweltverpestung sind über Nacht vermeidbar geworden. Manche, die zur Anbetung der Fata Morgana des ewigen Wirtschaftswachstums wanderten, stehen jetzt ohne Vision.

****

Freilich, es könnte noch schlimmer kommen, es könnte so schlimm kommen, dass man nichts mehr machen kann, beispielsweise, wenn der Ausbruch eines Supervulkans die ganze Welt für Jahre verdunkelt, wenn eine neue Pest die Hälfte der Bevölkerung hinwegrafft und alle Versorgungsketten erliegen, freilich – aber bis dahin können wir vorsorgen und intelligent planen, immer besser, könnten, hätten können.

Wollen wir die Rufe und Klagen der schon wieder Geopferten diesmal wieder nicht hören, weil wir möglichst umgehend wieder zur bisherigen Normalität zurückkehren müssen, beruhigt darüber, dasss es ja ohnehin nur Andere erwischt hat?

Manche Literaten beantworten die Frage nicht positiv:

Salman Rushdie in den Mitternachtskindern: *„Geschichte ist natürliche Auslese ... Die Schwachen, die Anonymen, die Besiegten hinterlassen wenig Spuren".*[81]

Ingeborg Bachmann: *„Die Opfer sind die Opfer."*[82]

****

Ob Meteor, Supervulkan oder Pandemie: unsere Umwelt bestimmt die Evolution; auch ihr Ende. Ihr Anfang liegt jenseits, in der Ungewissheit der Wahrheit, wo sich im Kosmos Wissen an der Wirklichkeit von Materie und Energie bricht, an deren Eigenschaften und der Herkunft der Eigenschaften. Wir sind nicht die Herren von Anfang und Ende dieser Welt - Aber dazwischen regieren wir Menschen, kraft unserer Erkenntnisse - wäre da nicht die ständige Gegenkraft aus der Kreatürlichkeit, die uns wie in einen Strudel der Selbstzerstörung zieht.

Welcher Wandel steht bevor? Hat Leben hier noch andere Chancen als unsere Erkenntnis des Nutzens von Reziprozität und Altruismus, die Erkenntnis der gegenseitigen Abhängigkeit, und der Notwendigkeit, diesmal aber auch danach zu handeln?

Corona, Korruption und Kapital – Herr über Leben und Tod:

Ein Epilog zu einer offenen Geschichte

Schon immer haben Krisen und Katastrophen menschliche Ur-Eigenschaften entlarvt. Das ist fast gar nicht zynisch gemeint, denn dazu gehören auch pro-soziale Eigenschaften.[M&D S.103] Dennoch: Die Corona-Krise hat die Gesellschafts-krise endgültig aufgedeckt.

Jede Krise führt zur Zunahme des social divide: Firmen werden ökonomisiert, Stellen gestrichen, Gehälter reduziert, Sonderzahlungen gestoppt: von der Krise profitieren wieder Große und Reiche.

Den Steuerzahlern werden von ihren Regierungen Milliarden abgezweigt, damit die Pharma-Forscher und -Unternehmen zum Wohle der Menschheit Impfstoffe entwickeln können. Wenn der Impfstoff dann fertig ist, entscheidet die Pharma-Industrie über Preis und Vergabemodus. Die Pharma-Industrie kann Staaten, auch die EU, dazu zwingen, Vertragsinhalte vor dem Souverän der Demokratie, dem Volk, geheim zu halten, damit es nicht erfahren muss, welche Risikohaftung es dafür übernimmt, dass es die Impfstoffentwicklung mitfinanziert hat, das Ergebnis aber dennoch voll bezahlt und Entwicklungsländern keinen Rabatt erlauben darf. Dadurch bleibt auch für Europäer geheim, warum Europa bei der Impfstofflieferung hinter den anglo-amerikanischen Raum gereiht wurde und

---

[81] S. Rushdie, Mitternachtskinder, zit. in S. J. Al-Azm, Unbehagen in der Moderne. Aufklärung im Islam, Fischer 1993, S. 47

[82] I. Bachmann: Das dreißigste Jahr. Unter Mördern und Irren. DTV München 1980.

deshalb Millionen Europäer später geimpft werden als Briten und US-Amerikaner.

Die WHO versucht vergebens, in Zeiten der Not eine Ausnahme vom Patentrecht zu erwirken. Als bisher einzige Firma hat Moderna für die Dauer dieser Pandemie auf seine Patentrechte verzichtet, um damit Entwicklungsländern den Zugriff zu erleichtern [83]– die Frage bleibt, ob dadurch mehr Impfstoff pro Zeiteinheit produziert werden kann als bisher. Die armen Länder müssen auf den Impfstoff warten, die Steuerzahler der reichen Länder darauf, dass das Virus sie dann von dort in veränderter Form wieder überfällt.

Informationschaos

Man publiziert, dass Mutante B.1.1.7. ansteckender ist, aber niemand weiß, wie sich die Zivilluftfahrt verhält (alle Plätze dürfen belegt werden, Tests oder Impfung verlangen meist Staaten, selten auch manche Airlines).

Manche Gruppen und Medien werfen der Politik populistische Entscheidungen vor, z.B. den Impfstopp mit Astra Zeneca entgegen wissenschaftlicher Evidenz; Andere interpretieren sie als beginnende Autokratie, womit sie wohl den versuchten Zwang zum Überleben durch Selbstschutz meinen. Dabei könnte „Freiheit" in der liberalen Demokratie auch bedeuten, an Corona sterben zu dürfen, wenigstens so lange man niemand Anderen durch sein Verhalten in Gefahr bringt. Jedenfalls gab es nur folgsame oder krittelnde Medien, keine proaktiven, die den potentiellen Selbstmördern und fahrlässigen Tötern in den Völkern mit drastischer Eingängigkeit unter die Haut geimpft hätten, wie es sich anfühlt, wenn man, wie in Brasilien, knapp vor dem Ersticken statt in die Intensivstation auf die Warteliste kommt, weil schon alle Betten belegt sind.

Einzelne Länder liefern überraschende Beispiele von zu erwartendem Management, andere kuriose Schildbürgerstreiche. Wäre die Studie aus 2012 EU-weit verbreitet worden, und hätte man die Vorkehrungsmaßnahmen daraus gezogen, z.B. eine tracking software, dann wäre ein derartiges System spätestens Ende Januar 2020 verfügbar gewesen. Hätte auch Sicherheit vor Individualismus Vorrang, wäre digitales Tracking längst eine Selbstverständlichkeit. Aber der neoliberale Individualismus erzwingt, dass man es vorzieht, sein gesamtes Wohlstands-Sozialsystem als Risikokapital einzusetzen, während China weiter fortschreitet. Die NZZ beschreibt hierzu unser paradoxes Verhalten: *„Facebook und Google verdienen damit* [der Verwendung unserer Daten] *Milliarden, indem wir ihnen unsere Daten anvertrauen, Tracing-Apps zur Eindämmung der Corona-Krise aber lehnen wir ab".*[84]

Jeder ist sich selbst der Nächste: das war für EU-Gegner und -kritiker die Gelegenheit, gallig die nicht existente Gemeinschaft anzuprangern – doch immer wieder lagen diese Quengler falsch: mehr als einmal hat die EU in völliger Einig-

---

[83] https://www.fiercepharma.com/pharma/leading-vaccine-player-moderna-won-t-enforce-patents-against-other-companies-during-pandemic
[84] Neue Zürcher Zeitung NZZ-Online 10.4.2021.

keit gehandelt: gegenüber den Briten zu deren Austritt, und dann in der Corona-Krise: Lasst uns Alle, alle 27 Staaten, gleichzeitig beginnen, als Zeichen für die europäische Gemeinsamkeit! – So die weihnachtliche Frohbotschaft aus Brüssel zur Auslieferung des Biontech-Impfstoffes in Europa. Die Enthüllung der Verzögerungen und unverständlichen Benachteiligung der europäischen Bevölkerung im Vergleich zur anglo-amerikanischen durch Recherchen von Journalisten in Deutschland anlässlich der mit Getöse publizierten ersten Impfungen im Dezember 2020 zeigte ein Bild des Widerspruchs zwischen Proklamation der schwersten Krise seit Bestehen von …. Allem, und der Strategie und Logistik zur Vorbereitung der Massenimpfungen.[85] Was also sollte diese Weihnachtsengel-Botschaft von der Leyens bedeuten? Hatte sich diesmal das seltene Phänomen einer gesamteuropäischen Lösung durchgesetzt, nur leider eben zum Schaden aller EU-Bürger, die deshalb erst nach den Briten, den Amerikanern und den Israeliten drankommen sollten? Oder war man bis hinauf zur EU-Ebene so bauernschlau wie der österreichische Ministerialbeamte, der sich im Interesse der Bürger weigerte, „die Katze im Sack" zu kaufen, und mit der Bestellung zu warten, bis der Impfstoff offiziell zugelassen wäre?

Ein Krankheitserreger wie das COVID-19 Virus stellt rücksichtslos einige Fakten klar und legt soziale Missstände offen, dort, wo sonst niemand hinsehen mag, weil das Unrecht für die Mehrheit bequem ist, oder weil in einer zunehmend liberal-hedonistischen Gesellschaft Empathie insgesamt reduziert ist: zum Faktischen zählt beispielsweise, dass die politische Forderung nach „Gleichheit" in einer „Ich-Nation" rasch missverstanden und missbraucht wird: wir sind nicht Alle gleich, Frauen und Männer, Schwarze, Braune, Gelbe und Weiße, Dicke und Dünne, Große und Kleine, Kranke und Gesunde, und für Benachteiligungen trägt nicht automatisch irgendjemand die Schuld. „Gleichheit" kann also nicht bedeuten, dass jegliche tatsächlichen Ungleichheiten in der Gesellschaft politisch ausgeglichen werden *müssen*, um dieser Forderung nach „Gleichheit" im Verbund mit Freiheit und Brüderlichkeit gerecht zu werden. Dies nur vorab, um klarzustellen, dass niemand dafür zur Verantwortung zu ziehen ist, weil mehr Farbige von einer Krankheit befallen werden als Weiße. Umgekehrt aber tut sich an dieser Stelle ganz plötzlich ein tiefer, für die selbstgerechte westliche Gesellschaft äußerst peinlicher Graben auf, ein Graben, den es in einem zum Thema Menschenrechte und Gleichheit weltweit tonangebenden Kulturkreis gar nicht geben kann: Farbige arbeiten überwiegend in Berufen mit erhöhter Ansteckungsgefahr, Migranten jeglicher Hautfarbe arbeiten oft in mies bezahlten Jobs und hausen unter erbärmlichen Lebensbedingungen dicht an dicht, Menschenmassen in den unteren Einkommensschichten, die von der Hand in den Mund leben und sich keine „Rücklagen" anhäufen können, sind von einem „Shut-down" unverzüglich betroffen – in einigen Regionen begannen Menschen zu hungern,

---

[85] M. Becker, et al., Das Planungsdesaster, Der Spiegel, 18.12.2020.
https://www.spiegel.de/politik/deutschland/deutschland-und-die-eu-haben-zu-wemig-a-00000000-0002-0001-0000-000174544038

mitten im Westen des 21. Jahrhunderts. – Krankenpflegepersonal wird und bleibt unterbezahlt, weil das Flechtwerk kapitalistischer Interessensgruppen abseits politischen Einflussbereichs unüberwindbar kompliziert geworden ist, ein in sich selbst bis zur Selbstfesselung immobilisiertes System, das nur den ohnehin schon Reichen nützt. Aber aus der Sicht einer Gemeinschaft erinnert es an die afrikanischen Königreiche, in denen niemand mehr König werden will, weil die unentrinnbare Verstrickung in das Tabu-System sein Überleben praktisch verunmöglicht.M&D S.374 (dort A19) - Der social divide, der zunehmende Graben zwischen arm und reich in den westlichen Gesellschaften, sonst jährlich einmal eine Kurznachricht wert, anlässlich der Veröffentlichung von OXFAM. Die Armen und die Schwachen sind benachteiligt in unserer westlichen Gesellschaft der Gleichen; die Misere im Umgang mit dem Altern wird zum breit offenen Schandfleck. Jedoch: es darf nicht wahr sein, dass rücksichtslose Selbstverwirklichung und Wahrung der Menschenwürde Aller schlecht vereinbar sind – von Empathie erst gar nicht zu reden.

Kann die Übernahme einiger Kranker aus dem Nachbarland in leere Betten ängstlich überdimensionierter Isolierkliniken für all das kompensieren? Manche Medien haben jedenfalls den Versuch unternommen, damit gegen die sofortige EU-Schelte zu argumentieren. - Betreffend diese Union werden wir dabei aber auf zwei gegensätzliche Herausforderungen aufmerksam: die eine ist, dass nicht die EU die Schuld an der Spontanreaktion aller Mitgliedsländer trägt, sich spontan nur noch auf das eigene Wohl zu konzentrieren und dafür alle Grenzen dichtzumachen; nicht die EU ist krank, sondern die westlichen Gesellschaften sind es. Eine Union kranker Gesellschaften kann nicht sofort das einzige und zwingend erfolgreiche Mittel zu deren Heilung sein. Wenn die Antwort auf Mahnungen von Vertretern der Union an den Gemeinschaftsgeist nur der wütende Verweis auf die eigene Souveränität ist, dann rettet nur noch die Mahnung zu Besonnenheit. Die andere Herausforderung betrifft den tatsächlichen Mangel an gemeinsamen Verhaltensregeln im Fall einer Pandemie wie dieser. Evidenzbasierte Vorsorge für, und differenzierte Reaktion auf, einen Katastrophenfall betreffend Hygiene, Medizin und Wirtschaft ließen sich zeitgerecht koordinieren, vorausgesetzt die Teilnehmer beharren nicht dickköpfig auf unvereinbaren Eigenwegen, die letztlich zum Schaden Aller gereichen. Der Vorwurf an die EU an dieser Stelle fällt also vollinhaltlich zurück auf die Mitgliedsstaaten und deren separatistischen Ordnungswillen im gemeinsamen Haus, denn ihnen gehört dieses Haus, nicht der Union! Ohne Kurswechsel wird liberale Demokratie ein gemeinsames Haus ohne Bewohner, Politiker verwalten ihr Endstadium. Die liberale Bauchladen-Demokratie verwaltet nur noch Rechte ohne bürgerliche Pflichten, mutlos, ratlos und überfordert, in einer Zerreißprobe zwischen wirtschaftlichen Interessen und sozialer Verantwortung – wo bleibt die Verantwortung von Bürgern, die wegen Impfverweigerung Gesundheitswesen und Nachbarn schädigen? Geld-Belohnung für die Teilnahme als terminale Idee? Der zerbrechende soziale Zusammenhalt in den liberalen Demokratien zeichnet sich an diesem impfunwilligen Anteil der Bevölkerung ab.

Wie schlecht muss es Allen erst einmal gehen, bevor Union tatsächliche Gemeinschaft werden kann? Es sollen 44 Italiener nach Deutschland ausgeflogen worden sein. Die paar grenzüberschreitenden Intensivpatienten sind eher der typische Ausdruck des Überkompensierens und Verdeckens von dem, was tatsächlich ist: wenigstens kein Krieg, stimmt – oder zumindest nur Handelskrieg um Gesichtsmasken.

Kranke Gesellschaften – kranke Union – mehr kranke Menschen – um Faktoren mehr Tote – noch mehr Verarmung der Armen … wer in diesen Spiegel sieht und dennoch so weiterleben will, sogar unter Bedacht auf die eigenen Nachkommen, dem ist wahrlich nicht mehr zu helfen. Für alle Anderen aber kann dieses Spiegelbild Warnung sein und Aufruf zu mehr generationenübergreifendem Gemeinschaftsgeist.

Die Pandemie beschleunigt den Prozess des social divide der Reichen gegen die Armen, der Starken gegen die Schwachen, der Abnahme von Empathie gegenüber Leben, das nicht „Ich" ist – was muss geschehen, dass dieser Prozess nicht in einem Albtraum endet, sondern sich zu Guten wendet, zur Einsicht, wenigstens zu der, dass die Anderen mit großer Wahrscheinlichkeit eines Tages im Leben nützlich, hilfreich sein werden, dass man sich diese Hilfe durch Gegenseitigkeit sichern kann, und letztlich, dass das Anhäufen unbenötigten Reichtums schädlich, zumindest nutzlos ist, weil wir ALLE allein sterben und nichts mitnehmen können?
Corona entlarvt Liberalismus als Hedonismus – vielfach ohne Liebe.

Corona und die doppelte Doppelbödigkeit

Freilich gilt für alle Helfer und Retter die erste Verhaltensregel der Hubschrauberpiloten in der Flugrettung: sich selbst zu erhalten, um Andere retten zu können. In einer Misstrauens- und Neidgesellschaft werden solche Privilegien schon reflexartig mit Nasenrümpfen zur Kenntnis genommen, weil letztendliche Selbstschädigung aus egozentrischer Kurzsichtigkeit nicht mehr wahrgenommen werden will. Das Argument bleibt dennoch gültig – vorausgesetzt, die Piloten sind Retter: aber die Pharma-Industrie der reichen Länder rettet nicht, Neo-Kolonialisten sind keine Retter, sondern Ausbeuter. Was werden die Impfstoffspenden der Pharisäer erwirken?

Demokratie steht für Menschenwürde, ein Prinzip ohne geographische Grenzen. Wenn „Freier Markt" als Repräsentant für „Freiheit" bedeutet, dass Jeder die Ware kaufen kann, die auf den Markt kommt, ist das Demokratie für Jene, die kein Geld haben? Und ist das Gleichheit, wenn man sich selbst zuerst bedient, auch wenn dann für Anderen nichts mehr bleibt?
China führt die Demokratie vor.
UNO und EU stehen über der Demokratie. Sie haben es mit COVAX versucht.

Statt evidenzbasierter Politik

„Übergangsstadium zur evidenzbasierten Politik" im Sinne meines Vorschlags M&D hätte in der historisch außerordentlichen Weltlage der Corona-Pandemie bedeuten können, dass Regierungsschefs die Präsidenten nationaler medizinischer und assoziierter Fachdisziplinen anweisen, ein Gremium der relevanten Fachgebiete zu bilden, Wissen zur Erkrankung und ihrer Verbreitung zu sammeln und in wöchentlich ergänzten Berichten an die Regierung zu senden. Dieses Wissen sollte die Regierung in die Lage versetzen, dieses Wissen in die bestmöglichen Entscheidungen zum Schutz der Bevölkerung umzusetzen. Die Verbindlichkeit der Berichte entspräche der von Gerichtsgutachten. Vergleichbare Gremien anderer Fachdisziplinen wie der Wirtschaft würden das Bild ergänzen und der momentanen Lage angepasste Regierungsentscheidungen bedingen. Beide Seiten wären gesetzlich verpflichtet, die Einen, die relevanten Evidenzgrade zu ermitteln und zu berichten, die Anderen, diese im Interesse des Gemeinwohls umzusetzen. Die Regierungen wie die Fachdisziplinen können ihre Erörterungen auf kontinentaler und globaler Ebene fortsetzen und ergänzen, internationale politische Einrichtungen wie EU, UNO und deren WHO die Managementstrategien entsprechend ausweiten und dadurch eine sinnvolle Strategie des globalen Verkehrs erarbeiten und adaptieren. Dass die Vorbereitungen für solche Maßnahmen auch bereits vor 10 Jahren möglich gewesen wären, braucht nicht mehr gesondert erwähnt zu werden. Dass anstelle eines solchen „Übergangsstadiums zur evidenzbasierten Politik" sogar eine Pandemie für parteiund weltpolitisches Geplänkel missbraucht wird, gibt weder der Demokratie noch der gesamten Menschheit gute Erfolgsaussichten für eine friedliche Zukunft.

Wenn in der Demokratie das Volk, das es nicht weiß, die Politiker treibt, das zu tun, was es sich wünscht, dann beginnt es sich in dem Kreis zu drehen, in dem es sich derzeit dreht. Wenn wir aber wollen, dass Demokratie überlebt, dann muss sie alles verfügbare Wissen im Interesse des Gemeinwohls evidenzbasiert nutzen *müssen*, gleich ob Wissen von professionellen Experten, von anderen Lebenserfahrenen oder aus künstlicher Intelligenz. M&D

K14   Aufklärung und Islam

Vom befreienden Lachen – und der Verzweiflung:

Sadik Al-Azm [86] **und Salman Rushdie**

oder

Was ist an der modernen Welt säkular? [87]

Was an der Demokratie, was an der chinesischen, der russischen Staatsführung? Und was ist an der arabischen, der iranischen, der türkischen Wirtschaftsführung nicht säkular?

Alle sind im Unrecht ohne die Einsicht, dass wir *Alle* – als „Ich-Identität" aus unseren Hirnfunktionen bestehend - nichts als glauben *können*!

Ist tatsächlich *„Religion eine Frage der inneren Beziehung zu Gott ... , im weiteren Sinn der politischen Sinnstiftung, aber nicht eine Frage der politischen Praxis und der staatlichen Ordnung"*? [116] Kann Sinnfindung als Folge einer inneren Beziehung zu Gott zu Sinnstiftung werden, und letztere für sich allein im luftleeren Raum schweben bleiben, ohne irgendeine Verbindung zum täglichen Leben, zur staatlichen Ordnung also, und damit zur politischen Praxis? Ist nicht *„das echte, das befreiende Lachen"* des Sadik Al-Azm [88 S.139] - und seines Leidensgenossen Salman Rushdie, dessen Lachen [89] die Europäer eher irritierte als aufrüttelte - nicht politischer Selbstmord im Aufruf zur Revolution von innen, Racheakt aus dem Exil aus Verzweiflung, aber nicht nur aus Verzweiflung, sondern auch als Aufruf Heimatloser zur weiteren, global erweiterten, Konfrontation – und Konfliktlösung? [88 S.142]

Welche soziale Rolle kann ein Gottglaube spielen, der sich, zusammengesetzt aus inneren Beziehungen in allen Individuen, in milliardenfacher Facettierung in heimlich schillernder Vielfalt verbirgt? Ist nicht die heutige westliche Gesellschaft in ihrem perspektivlosen Hedonismus Folge dieser Entwicklung? Steht dieses Verlachen Andersgläubiger am Beginn neuen Konflikts? Was wird aus einer Menschenwelt, in der alle Einzelnen König oder gar Kaiser sind (fragt auch Kant [90]), souverän nicht als Gemeinschaft, sondern als unantastbare Individuen mit „innerer Beziehung zu Gott" – welchem Gott?

---

[86] S. J. Al-Azm, Unbehagen in der Moderne. Aufklärung im Islam, Fischer 1993.

[87] L. M. Auer, Europa. Wunsch, Wahn und Wirklichkeit, Bd. III, LIT-Verlag, In Vorbereitung.

[88] K-H Gerlach, W. Saller, Nachwort zu S. J. S. J. Al-Azm, Unbehagen in der Moderne. Aufklärung im Islam, Fischer 1993

[89] Z.B. aus „Die Satanischen Verse".

[90] *„ ... hingegen die demokratische es unmöglich macht, weil Alles da Herr seyn will".* Immanuel Kant, Zum ewigen Frieden. Ein philosophischer Entwurf, 1795. Kant Werke Bd 11, Frankfurt 1977

67

Besteht nicht die Warnung der Fundamentalisten – welchen Glaubens auch immer – darin, dass der Verlust eines gemeinsamen, statischen Bildes von Gott seinen Tod in der Wirklichkeit der Menschenwelt bedeutet, und damit wahrscheinlich unseren eigenen?

Wenn das Verständnis der Modernisierer, Religion sei ein Prozess wie alles andere, wenn dieses Verständnis eine weiterführende Basis darstellte, dann müssten sie aus ihren privaten, inneren Beziehungen zu Gott ein neues, gemeinsames, aber in jedem Fall statisches Bild von Gott herzustellen wissen, eines, das als Repräsentant aller inneren Beziehungen zu Gott akzeptiert werden kann.

Wenn ein Sadik Al-Azm eine parallele Modernisierungs- und Aufklärungsentwicklung an den großen Religionen wie Christentum und Islam herausfiltern kann, dann sollte diese Leistung nicht mit *„einem befreienden Lachen"*, einem Auslachen der anderen Seite, der fundamentalistischen, enden, sondern sie sollte als Chance auf Gemeinsamkeit gesehen werden, eine, in der Glauben für Alle glaubwürdig geworden wäre.

Nun aber gehen beide Entwicklungen, die christliche und die islamische, etwas zeitverschoben, auf eine große Leere zu, einen Abgrund, nicht aber in eine aufgeklärte Schöne Neue Welt der Befreiten. An diesem Abgrund stehen vier Parteien: die Fundamentalisten, die mit allen Mitteln versuchen, die Modernisierer aller Seiten davon zu überzeugen, dass eine letzte Glaubenswahrheit nicht einem Prozess unterliegen kann, dass sie nur etwas Statisches, Ewiges, sein kann. Die Modernisierer haben sich in zwei Parteien gespalten, die Halbwahren, Jene, deren Religion zur inneren Beziehung zu Gott geworden sein soll, deren Mehrheit obendrein Religion als Prozess sehen, der sich der kulturellen Evolution anpassen müsse; und die Atheisten und Nihilisten, die nicht glauben, dass es eine Wahrheit gäbe, nur Möglichkeiten und Wahrscheinlichkeiten, obwohl sie vor einem halbleeren Glas stehen, weil sie eine Existenz Gottes nicht zu widerlegen vermögen; sie bilden wiederum zwei Gruppen: Jene, deren Glauben sich an Güter klammert, und die Entdecker von Gedanken und Thesen, an die zu glauben sie beginnen müssen wie an Dogmen, weil ihr Denken selbst sich dazu zwingt. Zusammen genommen gibt es also nur Gläubige – Wahrheitsgläubige und verwirrt schwankend träumende Halb-Wahrheitsgläubige - und sogenannte Ungläubige, die nicht ungläubig sind, sondern an ihre Ideen und Objekte glauben; sie entfernen sich wie beleidigt aus der Debatte, weil sie nicht einen klaren Beweis Gottes serviert bekommen (diese Haltung hat etwas stur Beschränktes an sich, weil sie trotz aller vermeintlichen Objektivität die Tatsache ignorieren, dass ihr biologisches Erkenntnisinstrumentar einen Beweis zur Wahrnehmung von Wahrheit gar nicht ermöglicht, dass sie also bestenfalls ein Leben lang verärgert vor dieser Ungewissheit werden sitzen bleiben müssen).

Die Aufklärer treten auf diese Bühne mit dem Hinweis, dass selbstkritisches, bewusstes Denken Lösungen für alle Viere gemeinsam birgt – und man verfalle nicht gleich ein weiteres Mal in den naiven Irrtum der Geschichtslosigkeit, dass der Westen diese Aufklärung schon hinter sich habe;[91] er enthält aber auch die Warnung, dass dieser Lösungsvorschlag mit hoher Wahrscheinlichkeit den einzigen Ausweg vor der Selbstvernichtung durch gegenseitige Zerfleischung der hysterisch überzeugten Parteien darstellt. Und sie scheut erstarrend vor der Feuerschrift an der Wand, die von ihrer eigenen Vernichtung kündet, ihrerseits warnend, dass Wissen nicht Wissen ist, sondern Deuten, warnend, dass Würde mehr ist als Wissen, Würde, die Alle allen Anderen zuteil werden lassen mögen. Aber selbst die Vordenker – allen voran Kant – waren es zufrieden, dass Aufklärung nicht in Demokratie enden sollte, sondern in Absolutismus, in aufgeklärten Absolutismus eben. M&D S.36

Dennoch könnte solches Denken durchgreifen – könnte: Kant fragt zwar besorgt, überzeugt vom theoretischen Sieg der Vernunft, ob wir es auch verwirklichen werden, dieses Können;[92] Habermas stimmt der besorgten Frage zu [93] – dennoch könnte solches Denken bewirken, dass alle Viere zu erkennen eingestehen, dass nicht *Religion* ewig ist, nicht eine *Vorstellung*, ein *Bild* von Gott, sondern *Gott*, der wie eine Ahnung von einem Licht am Horizont unserer Erkenntniswelt steht und dort bleibt, gleich, ob wir beim Felsen, dem Nabel der Welt am Tempelberg zu Jerusalem stehen, am Mount Everest oder am Plateau des Olympus Mons am Mars. Eingeständnis der Erkenntnis und Ahnung aus unserem Gesamterleben, dass es Gott geben *muss* oder zumindest *kann*, ist eine mögliche gemeinsame Basis für künftiges menschliches Zusammenleben in unserer engen Wirk-

---

[91] Al-Azm erinnert daran, dass noch in den 1960er Jahren in USA Bücher wie „Der Wendekreis des Krebses" oder „Lady Chatterley's Liebhaber" auf dem Index standen und nicht in die USA eingeführt werden durften – und fordert gleichzeitig für sich und sein Morgenland, dass „ ... *religiöse Toleranz ein Allgemeingut ist und nicht nur ein „zutiefst westlicher Wert", der für nichtwestliche und besonders muslimische Menschen unerreichbar sein soll – ohne zu unterschlagen, dass die religiöse Toleranz für die moderne Welt in Europa erobert wurde ...*" (S. 49) - Wurde sie, frage ich? Denn dabei vergisst er seine eigenen Worte, dass diese Aufklärung nicht einmal im Westen tatsächlich erfolgt ist, dass sie lediglich Anderen gegenüber als eigener Wert und eigene Errungenschaft gepriesen und in Anspruch genommen wird. Deshalb haben die Menschen im Westen Rushdie's Drama nicht so mitvollzogen, wie Al-Azm dies von aufgeklärten Menschen des Westens erwartet hätte. Auch ist diese Aufklärung für das Morgenland nicht unerreichbar - aber wer soll sie für den Islam erkämpfen, doch nicht etwa dieser arrogante Westen, nicht Europa!? Diesen Weg müssen die Muslime selbst gehen, bevor sie den Westen fordernd besuchen, diese Toleranz für sich beanspruchend, ohne sie selbst zu gewähren – jedenfalls in ihren Heimatländern nicht gewähren, und des Öfteren nicht untereinander, während sie im Westen wohnen, und die Männer von ihren Frauen östliches Gebaren fordern. Oder hätten die Muslime in Europa etwa damit Recht, dass sie forderten, Europa und sein Westen müsse nun ihre Aufklärung für sie erkämpfen, jedenfalls aber gemeinsam mit ihnen, gegen ihre Fundamentalisten?

[92] Immanuel Kant, Was ist Aufklärung?, Berlin. Monatsschr., 1784, 2, S. 481–494

[93] *„Wird sich der Common sense am Ende vom kontraintuitiven Wissen der Wissenschaften nicht nur belehren, sondern mit Haut und Haaren konsumieren lassen?"* J. Habermas, Glauben und Wissen. Suhrkamp 2001; Kommentar hierzu: L.M. Auer, Mensch und Demokratie, LIT-Verlag S. 440 (A176).

lichkeit, mit Ausblick in Richtung Wahrheit.

Der Streit geht dann nicht mehr darum, ob die Belehrungen Jesu über das Himmelreich seines Vaters, oder die Offenbarungen Allahs an Mohammed, die allein wahren und seligmachenden sind. Mit den offenen Augen der Aufgeklärten stehen wir – der Erkenntnisfähigkeit nach weitgehend Alle - vor einer Welt, deren Anfang, Detailkleinheiten und kosmische Größen sich jeweils in einer Unendlichkeit verlieren, an deren Lauf wir jedoch als letztlich einzig fassbare Entität deren *Eigenschaften* beobachten können, Eigenschaften der Materie und der Energie. Mit dieser Beobachtungstatsache stehen wir Alle vor der Frage, ob diese Eigenschaften, kraft derer sich die Welten in der Wirklichkeit zeigen, ob diese sich selbst verwirklichen, aus nichts, aus dem Nichts, aus einem Zufall, oder ob sie verwirklicht *werden*, von einer über ihnen existierenden Entität, Gott.

Die Wirkungen dieser Eigenschaften lassen Hinweise auf eine Richtung erkennen, eine Gerichtetheit von Ereignissen, Zeit und Raum, gelten zwar als hypothetisch, wie der „Zeitpfeil" der Physik, oder wie die Zunahme der Komplexität von Lebewesen in deren Evolution, aber sie stehen körperlich vor uns.

Es geht also – angesichts des Erkennbaren, welches dem Offenbarten einen Platz im Bereich der Allegorie, des Gleichnishaften oder des Wandels im Lauf der kulturellen Evolution zuweist - nur noch um die Frage, nach welchem Plan, auf welches Ziel hin Menschen ihr Leben künftig strukturieren wollen, Jene, die Religion als dann nur noch „innere Beziehung zu Gott" haben, nicht mehr als mächtigen Wächter über unser Aller Alltag, und Jene, die sich auf einer Wolke von Zufall treiben lassen – wofern sie überhaupt in Gemeinschaft mit den jeweils Anderen leben wollen. In jedem Fall stehen sie Alle, Jene, die auf ein metaphysisches Lebensziel bzw. auf ein Weltbild einschließlich des Jenseits von ihrem irdischen Dasein zu planen wollen, und die bereits Gottlosen, nahe an diesem Abgrund, den sie schon kommen spüren, der sich nun als ein großer Bombentrichter präsentiert, jene Stelle, an der zuvor das Bildnis ihres Gottes gestanden ist – fühlen sie tatsächlich nur Unbehagen? Ist es nicht ein in technokratischer Hybris der Moderne tief vergrabenes Gefühl: Todesangst – nicht nur Unbehagen angesichts der „*sozialen Entfremdung, der kulturellen Entwurzelung, der weltanschaulichen Heimatlosigkeit und dem gesellschaftlichen Wertezerfall*"? [94 S.142] Die ausschließlich diesseits Orientierten fallen am Ende ihres Lebens samt ihren Berufstiteln, Dollars und sonstigen Rafferfolgen in diesen Trichter als Massengrab; die Gläubigen hoffen dem Inhalt ihrer inneren Beziehung zu Gott entgegen.

Auch jeder rein „*spirituell*" verstandene fundamentalistische Glaube, nicht nur jener, der sich „*als politische Handlungsanweisung*" versteht, „*reißt eine unüberbrückbare Kluft ...*" [94 S.142f] zu allen anderen Glaubensformen und Religionen, wenn er mit universalistischem Anspruch auftritt, wie die katholische Kirche und der Islam, die nur sich selbst zu verstehen bereit sind.

---

[94] K-H Gerlach, W. Saller, Nachwort zu S. J. S. J. Al-Azm, Unbehagen in der Moderne. Aufklärung im Islam, Fischer 1993

Welch ungeheurer Hybris doch all die Deuter von Offenbarungen und Texten –
gleich welcher Religion - zum Opfer gefallen sind in ihrer Überzeugung, alle und
jegliche Regungen und Gründe ihres Gottes für die Art und Weise der Schöpfung
und ihren Lauf auf der Ebene ihrer menschlichen Denk- und Erkenntnisfähigkeit
ergründen und erklären zu können, in zweifacher Spiegelung der Interpretation
ihres Denkens – begrifflich elegant mit Hermeneutik und Semiotik bedacht -, und
diese ihre – aus der Sicht der Undenkbarkeit von Ewigkeit - erbärmliche Überzeugung allen Menschen mit Gewalt aufzwingen zu dürfen!

Die Kirche hat keine Lektion gelernt,[94 S.139] sie geht unter wie ein Imperium, wie
ihr Rom, das sie einst beerbte. Aber die Menschen glauben weiter, begeistert von
autokratischen Gefühlsspieglern, die als Ideengeber auftreten, von Marktschrei-
ern aus einer Fata Morgana, die ein Jenseits mimt, glauben an den Gegenstand
ihrer inneren religiösen Beziehung, oder an die Möglichkeit einer hedonistischen
Wirklichkeit, eingeblendet in eine Visionsbrille, auf deren Innenseite ein Film
über ihr eigenes, ewiges Leben läuft. Viele von ihnen sind überzeugt, manche
zweifeln, einige verzweifeln – sie Alle – so ruft Kant aus den Büchern, sie Alle
mögen aufwachen in ihre gemeinsame Wirklichkeit, die einzige Tatsächliche –
wer aber weckt sie auf *von innerhalb* dieser Wirklichkeit, in sie hinein? Hinein in
eine neue, gemeinsame Aufklärung, einen neuen, gemeinsamen Universalismus,
einen, in dem die einander zugesprochene Menschenwürde jeder Ehre Gottes
reichlich Genüge täte, ohne Denen wehe zu tun, die vor Gott wegsehen und den
Blick in die Erde bohren, bloß weil sie an ihrer begrenzten Erkenntnisfähigkeit
erkrankt sind, dem Überzeugtheitssyndrom, nahe an Paranoischem, an einer
Einrollung des kritischen Denkens zurück zum Glauben an das Erkannte wie an
einen unbelehrbaren Lehrmeister, einen Inhalt des common sense, und darin der
Hybris zum Opfer fallen, selbst am Wege zur Göttlichkeit zu sein.

Nicht allein die Verwestlichung ist es, die den Islam in die Krise, seine Fundamentalisten gegen die Erneuerer auf die Barrikaden bringt: es ist vielmehr das
gleiche Entwicklungsstadium in der kulturellen Evolution, über die der Islam
stolpert, wie das Christentum zur Zeit der Aufklärung, zeitversetzt. Denn es
waren nicht nur die westlichen Kolonisatoren, die das Morgenland invadierten
und schrittweise mit ihrer technologischen Zivilisation durchwuchsen und zer-
setzten, ihre Gottesstaaten wirtschaftlich und politisch de facto säkular werden
ließen; es waren auch seine Dissidenten des islamischen Universalismus und des
machtpolitisch orientierten Fundamentalismus.

Gibt es die Möglichkeit, dass beide Parteien vor ihrem – möglicherweise auch
gemeinsamen - Ende zueinander finden (immerhin durchkreuzt, wie erwähnt,
diesen Konflikt noch jener andere, der Konflikt zwischen Kollektivismus und
westlichem Individualismus)? Können nicht die Einen wie die Anderen gemeinsam an einem Tisch mit halbvollen und halbleeren Gläsern sitzen, jede Seite in
ihrer Überzeugung, mit welchem Maß zu messen sei, jede aber auch in der Einsicht, dass wir einander als gleichwertig, gleicher Würde wert, respektieren sollten, notfalls wenigstens in der opportunistischen Schläue Solcher, die fähig sind,
vorausschauend zu erkennen, dass wir früher oder später hienieden Alle vonei-

nander abhängig, auf gegenseitige Hilfe und Empathie angewiesen, sein könnten? - Die Frage ist selbstverständlich rhetorisch, denn selbstverständlich gibt es diese Möglichkeit der Einsicht; der nächste Denkschritt würde dann bereits darauf hinweisen, dass das Bedenken alles bisher Geschehenen, angesichts unserer Geschichte also, eine Notwendigkeit dieser Einsicht ergibt, weil wir doch schon wiederholt am Rande der kollektiven Selbstvernichtung standen.

Kant ruft überzeugt auf, wendet sich jedoch sogleich besorgt zur Seite, sich stille fragend. Habermas lässt den Geist sich aufbäumen vor seinem eigenen Brotgeber, allerdings mit der Frage im Gesicht, ob der selbsternannte Herr freiwillig das Einsehen haben und sich zum Knecht würde umerziehen lassen, aber auch mit der erschreckenden Erkenntnis seines Untergangs, wenn er sich denn abzunabeln vermochte, angesichts der Frage, wovon er würde leben können, aus nichts als nur noch Überzeugtheit bestehend.

Diese Möglichkeit ist Diener unser Aller freien Willens, in einer Welt, in der beide großen Religionen den Ober-Erzengel Satan als Herrn wider Willen auftreten lassen, verdammt zum Mimen der Ausweglosigkeit, weil er uns an die Kreatürlichkeit fesselt. Als Pol des Bösen und der Unmöglichkeit eines Entkommens verrät er aber, dass da der andere Pol existiert, abseits seiner Macht: *er* ist unsere Möglichkeit. Es gibt nur – wenn nicht Untergang - das Befolgen dieser Einsicht, in Gemeinsamkeit: zum aberen Male, diesmal jedoch endgültig.[95]

Offen bleibt bei alledem, wer zuletzt als Machthaber übrigbleibt aus dem heutigen Machtgerangel, ob es nämlich nicht einfach das Kapital als schon lange still schmunzelnder Dritter ist. Denn dann wäre diese Debatte ein Nebenthema, und *„ Die Leistung, die der kantische Schematismus noch von den Subjekten erwartet hatte .... wird dem Subjekt von der Industrie abgenommen"*,[96] Alle zusammen versklavt von einem totalitären Kapitalismus bzw. dessen „freier" Marktwirtschaft.

---

[95] Die „Umarmung von Halbmond und Kreuz" in Ägypten (S. J. Al-Azm, Unbehagen in der Moderne. Aufklärung im Islam, Fischer 1993, S. 108) und die deutsch-türkische Freundschaft im frühen 20. Jahrhundert waren verheißungsvolle Ansätze (der „Deutsche Dschihad" hingegen gleich wieder elender europäischer Missbrauch [Bd. 1, S. 220]).

[96] Max Horkheimer, Theodor Adorno, Dialektik der Aufklärung, in: Max Horkheimer, Gesammelte Schriften, Band 5, S. 149, Fischer 2014 (orig. 1984, geschrieben 1944 in Los Angeles).

**K15   Die Situation in den einzelnen Ursprungsländern der Migration –
vor den Toren Europas und jenseits**

Die Türkei wird in diesem Text nicht nochmal gesondert erwähnt, weil sie in Band II ab S. 220 besprochen steht.

Alle Länder Nordafrikas und der Levante, von Marokko bis Syrien, sind Teil der seit 2003 betriebenen Europäischen Nachbarschaftspolitik (ENP),[97] deren Inhalte anlässlich der Migrationskrise 2015 erneuert wurden. Im Vordergrund der Bemühungen stehen regionale Stabilisierung und Beratungen zu einer Vielzahl von Themen gemeinsamen Interesses. Ein vordergründiges Interesse der EU gilt dabei der sozialen Sicherheit, Prävention illegaler Migration und Bekämpfung von Terrorismus und Kriminalität mit besonderer Berücksichtigung weit verbreiteter Perspektivlosigkeit in der Jugend. [98] Für die Zeit zwischen 2014 und 2020 standen dafür über € 15 Mrd. zur Verfügung.

Weitere und konkrete Vertiefung vertraglich gefestigter Kooperation betreibt die EU im Rahmen ihrer Assoziierungsabkommen wie mit Algerien. Zusätzliche Kontakte bestehen über Einrichtungen wie die im Buchtext auf S. 113 erwähnte UfM (Union für den Mittelmeerraum) und den EEAS (European External Action Service). Die Unterstützung dieser Nachbarstaaten erfolgt außerdem auch im Rahmen von „Global Europe" - NDICI (Regulation on Neighbourhood, Development an International Cooperation Instrument) mit einem Budget von fast € 80 Mrd. für den Zeitraum 2021-2027;[97] dabei handelt es sich um eines der „Flagship"-Programme der EU, in dem sich nun eine bisher komplex verworrene Reihe von früheren Programmen zusammengeführt und koordiniert findet.[99] Es liegt auf der Hand, dass die EU nicht in der Lage sein kann, die Welt rund um sich durch Finanzierung zu erhalten, besonders dann, wenn solche Unterstützungen nicht konsequent unter eigener Kontrolle in hilfreiche Funktionen umgemünzt werden. Dazu sind die Entwicklungen in den einzelnen Ländern teilweise sehr unterschiedlich, abgesehen von gemeinsamen Problemen wie krisenhafte sozialpolitische Lage, weit verbreitete – durch die Corona-Pandemie verschärfte - Armut, mangelnde Perspektiven für junge Menschen, die jedoch immer genauer Bescheid darüber wissen, um wieviel besser es sich in entwickelten Ländern des Westens leben lässt. Und dann wäre noch die Tatsache, dass sie alle bis vor relativ kurzer Zeit in kolonialer Abhängigkeit von europäischen Ländern standen, die an der „Kongo-Konferenz von Berlin 1884-1885 die Aufteilung Afrikas unter sich vorgenommen hatten siehe Tab. 1) – und es bis heute im einen oder anderen Sinn weiterhin sind.

---

[97] https://ec.europa.eu/neighbourhood-enlargement/neighbourhood/european-neighbourhood-policy_en

[98] https://ec.europa.eu/neighbourhood-enlargement/sites/default/files/ neighbourhood/pdf/key-documents/151118_joint-communication_review-of-the-enp_en.pdf

[99] M. Gavas, S. Pleeck, Redesigning Global Europe: The EU's neighbourhood, development and international cooperation instrument, Center for Global Development, 30.3.2021 https://www.cgdev.org/blog/redesigning-global-europe-eus-neighbourhood-development-and-international-cooperation

Die „Hinterländer" der nordafrikanischen und südöstlichen Assoziationspartner der EU repräsentieren die Hauptquelle des Migrationsstromes aus Afrika und Nah-Ost: Irak, Iran (dahinter auch noch Afghanistan), Oman, Jemen, Somalia, Äthiopien, Sudan, Tschad, Niger, Mali, West-Sahara, Mauretanien; die hauptsächlichen Fluchtländer Westafrikas sind Gambia, Mali, Nigeria, Senegal, Guinea, Elfenbeinküste und Mauretanien.[100] In Ostafrika sind vor allem Somalia, Eritrea und Äthiopien betroffen (siehe Abb. 1 S. 75 und [100], dort auch Migrationslandkarte S. 59). Der größte Bevölkerungszuwachs findet in den ärmsten, jüngsten und in vielen Fällen muslimischen Ländern statt – in Ländern, wo es an Bildung, Kapital und bezahlter Arbeit mangelt.[101]   Tab.1:

Land	Unabhängigkeit seit	Kolonialherr
Syrien	1946	Frankreich
Libanon	1943	Frankreich
Palästina	1988	Großbritannien
Ägypten	1922	Großbritannien
Libyen	1952	Italien
Tunesien	1956	Frankreich
Algerien	1962	Frankreich
Marokko	1956	Spanien, Frankreich
Länder der zweiten Reihe		
Jordanien	1946	Großbritannien
Irak	1958	Großbritannien
Oman	teilw. Abhängigkeit	Großbritannien
Jemen	1967	Großbritannien
Somalia	1960	Großbritannien, Italien, Frankreich
Äthiopien	1941	Italien
Sudan	1953	Großbritannien
Tschad	1960	Frankreich
Niger	1960	Frankreich
Mali	1960	Frankreich
Mauritanien	1960	Frankreich
West-Sahara	?	Spanien

[100] M.L. McAuliffe, F. Laczko, Migrant Smuggling Data and Report: A global review of the emerging evidence base. IOM, International Organisation for Migration. 2016, S.47, http://publications.iom.int/system/files/smuggling_report.pdf
[101] P. Imhasly, Die Welt ordnet sich neu, Neue Zuercher Zeitung, 07.03.2010, https://www.nzz.ch/die_welt_ordnet_sich_neu-1.5158600, abgefragt am 22.07.2017.

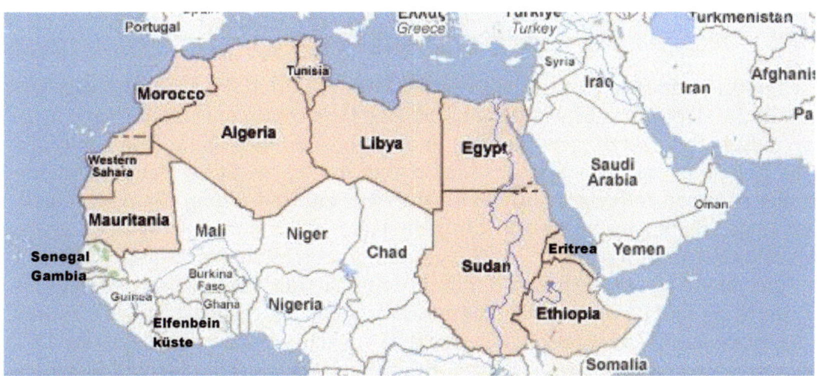

Abb. 1. Quelle [102]

Über die besonderen Probleme in jedem einzelnen Land ließen sich jeweils Bücher schreiben; daher hier nur einige Notizen zu einigen der Nachbarstaaten der EU nach ihrer gegenwärtigen Aktualität für Europa:

Syrien

Das Land war in der Geschichte der Menschheit schon immer ein Knotenpunkt der Entwicklung, in strategischer Position zwischen den Kontinenten:[103]
Die Region von und um Syrien war vor etwa 50.000 Jahren Sammelplatz für den Aufbruch nach Ost und Nord, vor 10.000 Jahren Teil des fruchtbaren Halbmondes und Ort der Erfindung der Sesshaftigkeit mit Ackerbau und Viehzucht. Seit über 5.000 Jahren ist sie Ort des Aufbruchs und der Durchwanderung, Umschlagplatz für den Handel zwischen Asien und Europa. In unserer „historischen" Zeit war sie Brennpunkt der Konflikte zwischen den alten Völkern mit entscheidenden Schlachten (s. Bad. I S. 227f und S. 372 [A154]): zwischen Hethitern und Ägyptern, zwischen Griechen/ Mazedoniern und Persern, zwischen Römern und Persern, zwischen Christentum und Islam, zwischen Abendland und Morgenland wegen Handel, Handelsrouten und kolonialer Besitzgier, zuletzt wegen Erdöl. Wie alle nicht-europäischen Länder um das Mittelmeer war auch Syrien Kolonie bzw. Protektorat, zuerst durch Jahrhunderte unter türkischer Herrschaft, nach dem Ersten Weltkrieg unter französischer.[104] Die Namen seiner Städte wecken in uns Erinnerungen an biblische Geschichten, Kreuzfahrer und Morgenland: die Oasenstädte wie das biblische Damaskus und die Handelsstadt Palmyra; Aleppo, Stadt Abrahams; Antiochia, Weltstadt zur Römerzeit, das heute in der Türkei ge-

---

[102] https://www.science-at-home.de/wiki/index.php/Datei:Nordafrika.jpg, maps for free, public domain.
[103] P. Bamm 3, Frühe Stätten der Christenheit, Knaur Verlag 1976, S. 300.
[104] K. Lange, Syrien: Ein historischer Überblick, BPB 2013,
https://www.bpb.de/apuz/155119/syrien-ein-historischer-ueberblick?p=all

legene Antakya knapp jenseits der Grenze ... .

Heute ist Syrien erneut Kreuzungspunkt zwischen verschiedenen religiösen und politischen Interessen. Seit Jahren wird ein Stellvertreterkrieg zwischen sunnitischen und schiitischen Gruppen genährt, wie er in den 80er Jahren zwischen Iran und Irak brannte. Westliche und östliche Interventionen haben immer wieder Auseinandersetzungen für ihre Interessen geschürt, ohne die regionale Machtdynamik zu respektieren, und damit die Entwicklung fundamentalistischer Gruppen gefördert. Sie sind mittlerweile zur Bedrohung der Welt geworden. Gegen die Regierungspartei kämpfen daher jetzt mehrere Interessensgruppen teilweise miteinander, teilweise gegeneinander. Millionen Menschen fliehen vor diesem Krieg und verlassen damit ihre Heimat; der Konflikt begann 2011 als Bürgerkrieg und ist mittlerweile neuer Nährboden für Stellvertreterkriege und Hegemonialkonflikte geworden: Iraner und Türken, vor allem aber Russland als Wieder-Konkurrent der USA, führen ihre Schachspiele um Macht und Ressourcen. Russland hat den Fuß in der Tür und diktiert die Regeln, sein Atomarsenal gibt ihm die Möglichkeit, nicht seine Wirtschaftskraft. Die EU der Gegenwart schweigt hierzu; die EU der Zukunft hingegen hätte Weltmacht, wenn sie nur entschieden sein wollte – ich komme in Band III der Europa-Trilogie darauf zu sprechen. Derzeit ist ein Ende ist nicht absehbar, weil die Mechanismen des alten Kalten Krieges durch das Versäumnis Europas in den frühen 90er-Jahren mangels neuer globaler Modelle wieder durchgreifen. In einer der umfassendsten Migrationen eines Volkes in der Geschichte lebt ein Gutteil in der Diaspora: Zwei Drittel der Bevölkerung sind nun auf der Flucht: 6 der 18 Millionen Syrer sind Flüchtlinge innerhalb ihres eigenen Landes, weitere ca. 6 Millionen verteilt auf Libanon, Türkei, Jordanien, Saudi Arabien, Nordafrika,[105] Europa etc.[106] Die EU verhandelt mit der Türkei, um das Gespräch mit Machthaber Assad meiden zu können – schon ab dem Beginn des zweiten Jahrzehnts in diesem neuen Jahrtausend hätte sie dort handeln sollen.

Libanon

Das byzantinisch-christliche Land, ab dem 7. Jh. Teil des islamischen Machtbereichs, teilte weitgehend das Schicksal Syriens während der Kreuzzüge, als Teil des Osmanischen Reiches und des französischen Protektorats. Die Hungersnot während des Ersten Weltkriegs stellt das Volk gleich mit dem Schicksal der Armenier, obwohl das Land danach sogar armenische Flüchtlinge aufnahm. Seit der Befreiung 1945 befindet es sich – vor allem seit der Gründung des Staates Israel 1948 und der Ausrufung des Staates Palästina 1988 - durch die Immigration von Muslimen in einer schwierigen politischen Lage: 1948 flüchteten während des Palästina-Krieges hunderttausende Palästinenser in den Libanon. Mit der Krise im Jahr 1958 nahm das Land den Arabischen Frühling vorweg, 1975

---

[105] Ägypten hat ca. 130.000 Flüchtlinge aufgenommen. *„By 2015 ... - Algeria and Egypt – had banned Syrians from entry ..."* P. Kingsley, The New Odyssey, Guardian Books 2016, S. 185.

[106] http://www.unhcr.org/globaltrends2016/, abgefragt am 23.06.2017.

kam es zum Bürgerkrieg. Das Land wurde zusehends zum Schauplatz der Auseinandersetzung zwischen Israel und islamischen Gruppen sowie direkter Intervention Syriens. Durch die Immigration von 1 Mio. Flüchtlingen aus Syrien zerreißt der Libanon erneut zwischen der eigenen Bevölkerung, den Migranten aus Palästina und Syrien und Stellvertreterinterventionen aus anderen islamischen Bereichen, vor allem dem Iran und der schiitischen Bevölkerungsmehrheit im Süden des Landes mit der Positionierung der Hisbollah gegen Israel.

Palästina

Als Staat ist das Land derzeit von 138 der 193 UNO-Mitglieds-Nationen anerkannt. Seine biblischen Regionen Judäa, Samaria und Galiläa und seine Städte Bethlehem, Nazareth und Jerusalem sind mit ihrer Geschichte allseits bekannt so wie auch der Name des Landes selbst, wenn auch je nach Kulturkreis unter verschiedenen Namen und geographischen Zuordnungen; zu Ende des Ersten Weltkriegs wurde er nochmal offiziell für den Namen des britischen Protektorates verwendet. Auch der nicht endende Konflikt zwischen Juden und Arabern seit Gründung des Staates Israel ist generell bekannt. Nationen, die Palästina bis heute nicht als Staat anerkennen, sprechen weiterhin von „Palästinensischem Autonomiegebiet". Bedingt durch den Konflikt leben viele Palästinenser in der Diaspora. Palästina selbst und der angrenzende Libanon kommen zusätzlich durch den Konflikt zwischen islamischen Gruppen nicht zur Ruhe.

Ägypten

Uraltes Kulturland, eines der ältesten christlichen Länder, bevor es von den Eroberungstruppen des frühen Islam okkupiert wurde und in diesem Machtbereich blieb, bis Napoleon mit seiner Ägypten-Expedition ab 1798 das kolonialistische Europa ins Land brachte. Die Briten übernahmen diese Macht von den Franzosen nach dem Intermezzo von Muhammad Ali Pascha von 1882 bis 1922. Das unabhängige Königreich Ägypten blieb aber weiter unter britischem Einfluss, um nicht zu sagen Kontrolle, und wurde im Zweiten Weltkrieg sogleich wieder von den Briten besetzt. Seit 1953 Republik, bleibt Ägypten das Land mit einer der stärksten inner-islamischen Spannungen zwischen westlicher Modernisierung und islamischem Fundamentalismus – die Entstehung der Muslimbruderschaft hatte ich in Band I (s. S. 214) dieser Trilogie angesprochen. Schließlich begann auch am legendär gewordenen Tahrir-Platz der ägyptischen Hauptstadt die aktuelle Zerreißprobe in der islamischen Welt, ab Januar 2011 als „Arabischer Frühling", weltweite Aufmerksamkeit zu gewinnen.

In der Partnerschaft mit der EU spielen Wirtschaft (Ägyptens wichtigster Handelspartner) und Entwicklungsförderung die Hauptrolle. Seit 2004 besteht ein Assoziierungsabkommen.[107] Obwohl das Land mit seiner aus allen Fugen geratenen 10-Millionen-Hauptstadt mit umfassenden Problemen kämpft, spielt es im

---

[107] EU, 14.06.2021, https://ec.europa.eu/trade/policy/countries-and-
regions/countries/egypt/index_en.htm

Zusammenhang mit Migration vor allem eine Pufferrolle für die EU. Zur Zeit sollen sich an die 6 Mio. Flüchtlinge aus Afrika und Nahost in Ägypten aufhalten.[108] Mit seinem Bevölkerungswachstum bei derzeit ca. 100 Mio. Einwohnern beginnt Ägypten jedoch allmählich selbst zum Emigrationsland zu werden.[109]

Libyen

Die frühe Geschichte verlief ähnlich wie jene Algeriens und Tunesiens – mit dem Unterschied, dass Libyen zeitweise auf Ägypten übergriff, und dass zur phönizischen Zeit eine härtere Konkurrenz mit griechischen Kolonien herrschte. Auch Perser und Assyrer drangen mitunter bis nach Libyen vor. Während der ptolemäischen Diadochenherrschaft nach Alexander dem Großen entstand eine umfangreiche jüdische Diaspora, Flüchtlinge kamen aus Syrien und Ägypten. Wie die gesamte römisch kontrollierte nordafrikanische Küstenregion, so lieferte auch die libysche Weizen, Öl und Wein nach Rom. Das osmanische Zeitalter wurde in Libyen ab 1911 durch Italien beendet, das im Rahmen des Krieges gegen das Türkenreich die Kyrenaika besetzte; 1931 wurde daraus die italienische Kolonie Libia. Nach dem Zweiten Weltkrieg wurde durch die Vereinten Nationen die Befreiung des Landes bewirkt: ab 1952 regierte Sanussi-König Idris im Rahmen einer konstitutionellen Monarchie, in der die USA eine Militärbasis betreiben durften. Reichtum durch Erdölfunde und Korruption entwickelten sich parallel. 1969 stürzte das Militär den König, Gaddafi wurde Revolutionsführer. Die Verstaatlichungspolitik machte Libyen zum Land mit der höchsten Rendite aus dem Ölgeschäft. 1970 wurden die amerikanischen und britischen Militärbasen geschlossen, Libyen mit Hilfe Frankreichs und Russlands aufgerüstet. Wegen Unterstützung terroristischer Aktivität geriet Gaddafi unter Druck, der UN-Sicherheitsrat verhängte Sanktionen. Im Zuge des Arabischen Frühlings kam es in Libyen zum Bürgerkrieg und Sturz des Gaddafi-Regimes, bei dem auch die NATO eingriff. Wegen der ungleichen Verteilung des Ölreichtums war es schon in den 90er -Jahren zu Unruhen und Putschversuchen gekommen. In diesem Fahrwasser befindet sich das Land seither im Chaos der Machtkämpfe um Regionen und Ressourcen. Dadurch bleiben aktuelle Bemühungen der EU um Regelung des Umgangs mit Flüchtlingsströmen äußerst kompliziert: limitierend für alle Verhandlungen ist, dass Libyen kein Signatarstaat der Genfer Flüchtlingskonvention ist.[110] Seit Jahren existieren daher zwei Arten von Flüchtlingslagern: jene der Hilfsorganisationen und weitere, die von diversen Milizen des Landes betrieben werden.[112] Außerdem prallen dort „Interessen von Türken,

---

[108] Millionen Flüchtlinge in Ägypten: Al-Sisi „denkt nicht daran, EU zu erpressen". TTZ 24.04.2021, tt.com/artikel/30790064/millionen-fluechtlinge-in-aegypten-al-sisi-denkt-nicht-daran-eu-zu-erpressen

[109] Migration nach Europa: Wird Ägypten vom Helfer zum Problem? Addendum 25.02.2019, https://www.addendum.org/grenzschutz/vom-helfer-zum-problem/

[110] Vertragsstaaten der Genfer Flüchtlingskonvention.fluechtlingskonvention.de/vertragsstaaten-der-genfer-fluechtlingskonvention-3274/

Arabern, Russen, Amerikanern und Europäern aufeinander".[111]
Die Kooperation der EU mit Libyen zur Kontrolle illegaler Migration erfolgt aktuell vorwiegend mittels Stellvertreter-Prozedur via die Agentur Frontex: deren Flugzeuge spüren Flüchtlingsboote auf und informieren die Seenotleitstellen der Umgebung; die libysche Leistelle gibt offenbar die Information an die libysche Küstenwache weiter, die sodann die Flüchtlinge rücktransportiert; diese Maßnahme wird von UNO [113] und europäischen Gruppen als menschenverachtend und „Beihilfe zu Menschenrechtsverletzungen" kritisiert mit dem Vorwurf, solche Übertretungen billigend in Kauf zu nehmen, zuzulassen oder gar zu fördern – Lösungsvorschläge der UNO fehlen dabei allerdings; die darauffolgende Kritik seitens des EU-Parlaments resultiert in Budgetkürzungen für Frontex und damit zur Aktion gegen die Ziele der EU-Kommission.[114] Der Europäische Rat kontert mit Zahlen wie den seit 2017 über 50.000 von der libyschen Küstenwache aus Seenot Geretteten; mit EU-Unterstützung seien 200.000 Personen mit Hilfsgütern versorgt, 70.000 Kinder einer Schulbildung zugeführt und weitere Leistungen dank errichteter Infrastruktur ermöglicht worden.[115]

Noch zu Ende 2017 hatte die EU in einer Erklärung zusammen mit der UNO und der Afrikanischen Union den Plan publiziert, mit Hilfe einer gemeinsamen Taskforce die Schleppernetzwerke zu zerstören und die Rückkehr der Flüchtlinge in ihre Heimatländer zu betreiben.[116] Vordergründige Bemühungen der EU bestanden danach in einer Ausbildung der libyschen Küstenwache, Umsetzung der Operation IRINI, Kooperation mit anderen internationalen Einrichtungen wie UNHCR, UNDP, UNICEF, IOM zum Schutz von Migranten, Programm zur Ermöglichung der Rückkehr ins Heimatland oder Umsiedlung.[117]
Nach einer ersten Libyen-Konferenz in Berlin mit dem Erfolg eines Waffenstillstandes sollte im Rahmen einer weiteren im Juni 2021 erreicht werden, dass die Versprechungen zur Abhaltung freier Wahlen bis Ende 2021 tatsächlich eingehalten und fremde Söldner nicht länger im Land geduldet werden; dem folgen 58 weitere Punkte.[118]

---

[111] D.Brössler, Was bei der Libyen -Konferenz erreicht werden soll, Süddeutsche 23.06.2021, https://www.sueddeutsche.de/politik/libyen-merkel-maas-1.5330098
[112] https://www.deutschlandfunk.de/internierungslager-in-libyen-die-lage-fuer-die-fluechtlinge.694.de.html?dram:article_id=458881
[113] UN kritisieren Flüchtlingspolitik von EU und Libyen, DW 26.05.2021. dw.com/de/un-kritisieren-fl%C3%BCchtlingspolitik-von-eu-und-libyen/a-57673292
[114] S. Laghai, L. Straatmann, Tödliche Kollaboration: Frontex und die libysche Küstenwache, WDR 29.04.2021, https://www.tagesschau.de/investigativ/monitor/frontex-rueckfuehrungen-libyen-101.html
[115] Aussendung des Rates der Europäischen Union und des Europäischen Rates vom 29.04.2021, https://www.consilium.europa.eu/de/infographics/eu-action-in-libya/
[116] Statement des Europäischen Rates vom 29.11.2017, https://ec.europa.eu/commission/presscorner/detail/en/STATEMENT_17_5029
[117] https://www.consilium.europa.eu/de/policies/eu-migration-policy/central-mediterranean-route/

Algerien

Nach Phöniziern, Römern und Vandalen wurde auch Algerien Teil des islamischen Machtbereiches. Auch hier entwickelten sich viele und enge Handels- und diplomatische Kontakte mit Europa (Spanien, Großbritannien, Frankreich), bis 1830 Frankreich das Land als Kolonie besetzte – die Vorgeschichte habe ich in Band I S. 213f erwähnt. Nach langen Freiheitsbemühungen und -kämpfen wurde Algerien 1962 unabhängig. Der „Algerienkrieg" zwischen 1954 und 1962 mit seinen 400.000 Opfern unter der algerischen Bevölkerung und 25.000 toten französischen Soldaten belastet die gegenwärtige Politik nach wie vor.[119, 120] Für konstruktive Beziehungen mag daher die Gesamtheit der EU-Staaten als neutralere Basis hilfreich sein. Seit 2005 besteht zwischen der EU und der Demokratischen Republik Algerien ein umfassendes Assoziierungsabkommen,[121] in dessen Rahmen zwischen 2018 und 2020 ein Budget von € 125 Mio. verfügbar wurde. Die Absicht zu weiter verstärkter Zusammenarbeit wurde Ende 2020 erneut bekräftigt.[122, 123, 124]

Tunesien

Das bisher einzige demokratische Land der arabischen Welt seit 2014, war bis zu seiner Unabhängigkeit ab 1956 für mehr als 2 Jahrtausende ünter der Kontrolle der fremden Völker wie Algerien. Mit Spät- und Ostrom (Byzanz), sowie dem Arianismus des Vandalenreiches wurde das Land überwiegend christlich, bis ab der Mitte des 7. Jh. der Islam einzog und bis heute mit über 90% der Bevölkerung als Staatsreligion dominiert. Das mit seinen 0,16 Mio.km² im Vergleich zu Algerien mit dessen 2,4 Mio. km² kleine Land wurde mit dem Aufstand gegen die „Kleptokratie" der autokratischen Regierung von Ben Ali zum Ausgangspunkt des „Arabischen Frühlings": Der Flächenbrand, ausgelöst durch die Selbstverbrennung des Gemüsehändlers Mohamed Bouazizi am 17. Dezember 2010, breitete sich im Januar und Februar 2011 auf die islamische Welt aus und schwelt noch heute weiter, vor allem im völlig zerstörten Syrien und in Libyen, und hinterlässt inner-islamische Stellvertreterkonflikte wie im Jemen. Die gegen-

---

[118] Th. Volk, Berliner Libyen Konferenz 2.0, Konrad Adenauer Stiftung, 24.06.2021, https://www.kas.de/documents/252038/10987758/Berliner+Libyen+Konferenz+2. 0.pdf/94a6563f-c21e-93ee-a5b7-884a92ddaf6b?version=1.0&t=1624536658432

[119] J.C. Jansen, Algerien und Frankreich: Vom Kolonial- zum Erinnerungskrieg? BpB 2016, https://www.bpb.de/apuz/232425/algerien-und-frankreich-vom-kolonial-zum-erinnerungskrieg

[120] V. Katzer, L-Algerie c'est la France. Französische Nordafrikapolitik zwischen Anspruch und Realität, https://media.dav-medien.de/sample/9783515113540_p.pdf

[121] eur-lex.europa.eu/legal-content/DE/ALL/?uri=CELEX%3A22005A1010%2801%29

[122] https://eeas.europa.eu/sites/default/files/accord_association_fr.pdf

[123] https://eeas.europa.eu/headquarters/headquarters-homepage/89563/rapport-sur-l%C3%A9tat-des-relations-ue-alg%C3%A9rie-dans-le-cadre-de-la-pev-renouvel%C3%A9e-avril-2018-%E2%80%93_fr

[124] Beziehungen EU-Algerien: eine privilegierte Partnerschaft in einem schwierigen Kontext. 08.12.2020. https://ec.europa.eu/germany/news/20201208-eu-algerien_de

wärtig erneute Destabilisierung des Landes basiert auf dem Misstrauen gegen
die Kraft der Verfassung von 2014, die durch die Machtverteilung zwischen
Präsi-dent und Ministerpräsident den zuvor stattgehabten Machtmissbrauch
ver-hindern sollte.

Mehr als in den anderen Nachbarländern hat die EU Tunesien bei dessen Stabilisierung gefördert, allerdings auch mit der vordergründigen Motivation, Migration nach Europa zu unterbinden und das Land für den europäischen Markt zugänglich zu machen, eine unglückliche Mischung aus Unterstützung und Neo-
Kolonialismus.[125] Das Freihandelsabkommen ALECA zwischen EU und Tunesien
ist wegen solcher Bedenken nach über 5 Jahren der Verhandlungen (seit 2012
„privilegierte Partnerschaft") noch nicht abgeschlossen.[126] Durch Korruption
und wirtschaftlichen Niedergang in der Corona-Pandemie setzt eine Massen-
flucht junger Männer via Lampedusa nach Europa ein.[127]

Marokko

Zunehmenden Handelskontakten mit Westeuropa im 18. Jh. folgte die schrittweise Kolonisierung durch Spanien und Frankreich; nach äußerst wechsel-
haftem Verlauf mit einer Unzahl von Konflikten zwischen Arabern, Berbern und
Europäern wurde Marokko 1956 von Frankreich und Spanien unabhängig
(Ausnahme blieb die spanische Exklave in Melilla und Ceuta), zehn Jahre später
entstand die konstitutionelle Monarchie. Die anhaltenden Auseinandersetzungen mit West-Sahara waren noch 2014 von einer UN-Friedensmission begleitet.

Zum weiteren Ausbau des seit 2000 bestehenden Assoziierungsabkommens hat
die EU 2019 nahezu 300 Mio. und weitere 100 Mio. über den Nothilfe-Treuhand-
fonds zum Grenzmanagement verfügbar gemacht und engere Zusammenarbeit
mit Frontex und Europol vereinbart.[128] [129] Der UNHCR berichtet über tausende
Flüchtlinge, die aus dem tieferen Süden Afrikas, aber auch quer über Nordafrika
bis aus Syrien einwandern und nach Europa weiterzukommen hoffen.[130] Zunehmende wirtschaftliche Probleme, besonders in der Pandemie, veranlassen
außerdem viele Marokkaner, z.B. über Gran Canaria in die EU zu gelangen, eine
Migrationswelle zusätzlich zu der aus dem tieferen Afrika. Die Regierung weiß
jedoch offenbar den Emigrationstrend ihrer eigenen Bevölkerung als Druck-
mittel für Verhandlungen mit der EU zu nutzen,[133] denn sie sah u.a. tatenlos zu,

---

[125] S.P. Naceur, Tunesien und die EU: Knallharte Interessen. TAZ 18.12.2020.
    https://taz.de/Tunesien-und-die-EU/!5734002/
[126] Widerstand gegen das Freihandelsabkommen mit der EU – Tunesien (ALECA).
    Neoliberalismus reimt sich hier auf Kolonialismus. attac.at/news/details/
    widerstand-gegen-das-freihandelsabkommen-mit-der-eu-tunesien-aleca
[127] M. Keilberth, Migration aus Tunesien: Die junge Generation geht. TAZ 31.07.2020.
    https://taz.de/Migration-aus-Tunesien/!5699557/
[128] https://ec.europa.eu/commission/presscorner/detail/de/ip_19_6810
[129] https://ec.europa.eu/trustfundforafrica/sites/default/files/eutf_morocco_2.pdf
[130] UNHCR Morocco Factsheet,
    https://www.unhcr.org/protection/operations/567162f79/morocco-fact-sheet.html

als im Frühjahr 2021 Tausende die spanische Exklave Ceuta stürmten.[131, 132] Europa braucht eben Marokko als Barriere gegen Flüchtlinge aus dem tieferen Afrika, und als Erntehelfer für die Versorgung mit Obst und Gemüse aus Spanien.

K16 Medien, Manipulation und Macht

Vor der TV-Ära erfuhr der Bürger Neuigkeiten aus der Welt in Bild und Ton aus der Wochenschau im Kino. Die eigentliche Zeitenwende in der menschlichen Kommunikation aber bewirkte das Radio in der Zwischenkriegszeit, wie dies der österreichische Schriftsteller Herbert Zand so eindrucksvoll schilderte:[134] Mit einem Mal konnten Millionen gleichzeitig erreicht und informiert werden – und manipuliert.

Die Medien haben den Auftrag zur neutralen Berichterstattung. Vielfach werden sie diesem Auftrag auch gerecht und halten uns damit informiert über den aktuellen Stand der Ereignisse weltweit. Manchmal gehen Journalisten ein erhebliches persönliches Risiko ein, um uns über die Situation in Ländern zu benachrichtigen, Informationen, an die wir und oft auch die Politiker im Westen andernfalls nicht kämen, nicht einmal mit ihren Geheimdiensten. Am anderen Ende der Skala moderner Medien stehen allerdings Trends, die mit dem ursprünglichen Verständnis von Pressefreiheit nur noch schwer, wenn überhaupt, zu vereinbaren sind, dort, wo sie zu interpretativ, meinungsbildend und damit manipulativ zu werden drohen, ein Trend, der mitunter nachgerade unschuldig einreißt, aber auch einer, der offenherzig mit Macht betrieben wird. Ein Teil dieser Freiheit wird seit geraumer Zeit in gefährlichem Umfang missbraucht – zum Teil vielleicht wieder nicht bewusst, darum aber nicht minder gefährlich, dann aber wieder in noch gefährlicherem Maße verteidigt, und zwar auf die Weise eines Militärputsches: nur das Militär verfügt über ein Waffenarsenal; nur die Medien verfügen über die Mittel zur Meinungsverbreitung an Massen, und damit zur Manipulation (die sozialen Medien wirken dagegen eher nur gruppenbezogen, zeitlich und räumlich punktuell, zufällig, wenn auch kurzfristig nicht minder gefährlich.
Der Begriff der „Freiheit der Medien" hat offenbar ermöglicht, dass sich stillschweigend ein Missbrauch eingebürgert hat, nämlich jener der freien Meinungsäußerung zwischen den Zeilen der Berichterstattung – und mittlerweile zwischen den einzelnen Berichten selbst. Das Recht auf freie Meinungsäußerung für das Individuum wird dabei stillschweigend übertragen auf die Medien:

---

[131] H-C Rößler, Ansturm auf Ceuta, FAZ 18.05.2021, faz.net/aktuell/politik/
ausland/migration-aus-marokko-ansturm-auf-ceuta-17347661.html

[132] K. Janker, Warum tausende Migranten nach Ceuta kamen, Süddeutsche 22.05.2021,
sueddeutsche.de/politik/spanien-marokko-ceuta-europa-migration-1.5301385

[133] S.C. Müller, Marokkos Migrationsdruck auf die EU. DW 11.12.2020,
https://www.dw.com/de/marokkos-migrationsdruck-auf-die-eu/a-55867321

[134] Herbert Zand, Aus zerschossenem Sonnengeflecht, Europaverlag 1973.

dort lassen Journalisten, Reporter und Moderatoren ihre individuelle Meinung zwischen den, oder mit Hilfe der, zu erstattenden Berichte durchblicken. Die Methode wird langsam und leise eingeschlichen anhand von Interviews einzelner Bürger, deren Meinung für den Tatsachenbericht nicht relevant sind, die allenfalls eine Mehrheitsmeinung im Volk suggerieren. Die Interviewten geniessen ihre Meinungsfreiheit, die Interviewer beeinflussen mit diesem indirekten oder ihrer eigenen Meinung Millionen. Diese Verantwortung in vollem Umfang zu tragen und zu meistern, ist gewiss keine leichte Aufgabe, deshalb aber nicht weniger zwingend erforderlich. Zu oft wird ignoriert, oder verleugnet, dass diese Form der Informationsverbreitung manipulativ ist wie Werbung: was früher für die Print-Medien galt im Sinne von „sie glauben was sie lesen", gilt nun im Fernsehen für Meinungsbildung im Halbschlaf am Sofa. Ist der Bürger selber schuld, oder haben die Medien ihren Auftrag verfehlt?

Freiheit der Medien wurde aus bitterer Erfahrung in demokratische Systeme eingeführt, um zu verhindern, dass politische Agitatoren Massen manipulieren und politische Macht für Zwecke missbrauchen, die gegen die Interessen des Volkes sind. Nun haben die Medien die Macht, zu den Nachfolgern dieser Agitatoren zu werden, indem sie ihre Freiheit zur neutralen Berichterstattung missbrauchen, indem sie dem Volk eine Meinung vortragen, von der sie oder ihre Auftraggeber meinen, alle Anderen sollten sie teilen. Damit verkommen sie zu Diktatoren der politischen Korrektheit jeweils einer mächtigen Interessensgruppe, verbreiten das Gebot der Stunde, was derzeit zu glauben sei, wer oder was gut oder böse.

Dazu kommt noch eine weitere, noch besser verborgene Methode, nämlich jene der Verleumdung unter dem Deckmantel der Berichterstattung: demokratisch gewählte Politiker, Mobbing-Opfer jeglicher Provenienz, sie alle werden nach freier Auswahl durch mediale Nachrichtenverbreitung diskreditiert und verleumdet, indem mögliche, zweifelhafte Verdachtsmomente, als Meldungen dargestellt, verbreitet werden – Gerüchteküche also in der neuen Verbrämung der „Freien Presse", der „Neutralen Berichterstattung".

Niemand weiß besser als die Medienvertreter selbst, dass der Bürger im Durchschnitt nur weiß, was ihm die Medien vorsetzen. Das ist zunächst unschuldige Manipulation a priori, aber dennoch auf der Ebene der pre-selection-bias, derer sich verantwortungsvolle Medien bewusst sein müssen: ist diese Macht zur Auswahl mancher Berichte und gleichzeitigen Unterdrückung anderer Meldungen noch Gegenstand der „Neutralen Berichterstattung"? Darf „Pressefreiheit" tatsächlich dahingehend interpretiert werden, dass Medienvertreter entscheiden, was die Bürger wissen, was sie erfahren sollen und was nicht?

Wer macht darauf aufmerksam, dass mit dieser Form der „Freien Presse" nichts anderes geschieht, als dass die Macht der Meinungsbildung und Manipulation von potentiell totalitären Politikern auf die Medien übertragen wird? Oder dass sich die Medien diese Macht selbst aus der ihnen übertragenen Freiheit titrieren können? Aus machtbrüllenden Diktatoren können dadurch fast unbemerkt leise, umso gefährlichere Meinungsmanipulatoren werden. Mit den oder gegen die regierenden Politiker(n) eines Landes sind dessen Bürger der Meinung, dass

Trump schlecht und Clinton gut sei, oder umgekehrt, weil die Medien ihre Berichte dementsprechend mit Meinungen manipulativ durchsetzen.

Mitunter bildet die freie Presse dennoch das Chaos der wirklichen Welt ab, und gibt damit den Bürgern die Möglichkeit, die Gefahren und Verrücktheiten der Menschenwelt zu erkennen, auch das unlautere Interessensgemisch darin, gleich, ob die Presse dabei neutral oder selbst darin verstrickt ist. Das Problem damit ist nur, dass solche Erkenntnis Zeit und Erfahrung braucht, etwas, das die jüngeren Generationen nicht mitbringen *können*, weil sie im besten Fall hinter ihren beruflichen Herausforderungen und selbstgesteckten Zielen zur Selbstverwirklichung herkeuchen; sie können schon deshalb nicht die Zeit und Aufmerksamkeit mitbringen, um jene Muster zu erkennen, die sich aus Nachrichten abzeichnen, wenn man sie durch die Brille der Menschheitsgeschichte beobachten soll, ganz zu schweigen von der nicht existenten Erfahrung aus einer Lebenszeit.

Beispiel aus dem journalistischen Alltag unseres Zeitalters: Nummer zwei im Nachrichtenblock eines schönen Morgens: „Heute ist der Tag, mitten im Juli, an dem die Menschenwelt ihre Ressourcen für das laufende Jahr aufgebraucht hat; ab jetzt bis zum Jahresende verbraucht sie die Ressourcen ihrer eigenen Zukunft, arbeitet also aktiv an ihrer Selbstvernichtung". Nummer vier: „Erleichtert berichtet die Luftfahrtindustrie, dass sie nach dem Katastrophen-Corona-Jahr nun wieder Fahrt aufnimmt und mehr Flugzeuge verkaufen und in die Luft befördern kann als je zuvor". Dabei muss man nicht einmal berücksichtigen, dass seit 10 Tagen die Folgen einer Umweltkatastrophe in manchen Regionen Europas hunderte Menschenleben forderten und Schäden in Milliardenhöhe verursachten, auch nicht, dass fünf Tage zuvor die Nummer eins im Nachrichtenblock gelautet hatte: „Der Weltklimagipfel in Neapel ist erfolglos verlaufen".

Dass solche alarmierenden, allgemein verbreiteten Informationen weitgehend unbemerkt vorbeiziehen und kaum Konsequenzen nach sich ziehen, hat zwei Gründe: zuallererst den, dass die Menschengesellschaft nach mehrbödigen ethischen Regeln lebt, die theoretisch vom Blick auf das Gemeinwohl dominiert werden sollen, tatsächlich aber von Gruppeninteressen zersetzt werden – „Liberalismus" ist ein Deckmantel für „Individualismus", bestenfalls für „Sozial-Hedonismus" („wir Alle wollen, dass sich alles auf der Welt nur um meine eigenen Interessen dreht"). Der zweite Grund liegt in der zusätzlichen Verführbarkeit von Individuen und Massen, also in der Manipulation, gesteuert von Interessen einzelner Parteien, Geld- bzw. Machtbesessener. An dieser Stelle kommen die Medien in dieses fatale Spiel, entweder aus Eigeninteresse oder als Instrument: In der Regel dominieren dabei zwei Gefahren, welche die freie Presse in dieses Chaos selbst einbringt und damit die Lage der Menschheit verschlimmert: Selektion der verbreiteten Nachrichten ist die eine Hauptgefahr, manipulative Meinungsmache durch Verbreitung von Einzelmeinungen statt verlässlich geprüfter Evidenz die andere.

Ungeachtet dieser Gegebenheit ist in der westlichen Welt die Macht ohnehin längst in die Hände der Reichen übersiedelt und dient im Getriebe unbehinderten technokratischen Raubkapitalismus' dem zunehmenden social divide, so-

dass „ *... der Boden, auf dem die Technik Macht über die Gesellschaft gewinnt, die Macht der ökonomisch Stärksten über die Gesellschaft ist".*[135]
Wahlergebnisse sind das einzige Zeichen, das Bürger setzen können; sie signalisieren nun die Entfremdung zwischen Volk und Berichterstattung: Fällt das Wahlergebnis anders aus, als die Medien suggeriert haben, dann wird die Schuld daran lautstark an jene Politiker abgegeben, die man „Populisten" schimpft, so, als verstünde kein Mensch mehr, was „Populismus" ursprünglich bedeutet. Wenn nun aber Volk zu verstehen gibt, dass es lieber „Populisten" folgt als manipulativen Medien? Erdoğan setzt sich über seinen eigenen Rechtsstaat hinweg. Die Medien prangern an, verurteilen, verdammen – aber das Volk will Erdoğan, das Volk protestiert nicht mehrheitlich. Medien gegen Erdoğan. Medien – Partei gegen das Volk? Ist es die Aufgabe der Medien, das Volk wachzurütteln mit einer politischen Überzeugung gegen eine andere? Oder soll „Freie Presse" nun bedeuten: Machtkampf zwischen Politik und Medien um die Volksmeinung: „wer manipuliert erfolgreicher"?
Wer also sägt hier aktiver am Ast, auf dem die Demokratie sitzt?

Sind die Medien neutrale Berichterstatter oder designierte Mahner im Interesse der Demokratie? Ich meine, es wäre eindeutig der Auftrag der Medien, neutral zu berichten, nicht aber, darüber zu wachen, ob sich das Volk so verhält, wie dies eine Gruppe von Meinungsträgern möchte.
Das Dilemma von Demokratie liegt nun offen zutage, nach Brexit, Wahlen in USA, Medien-geschürter Angst vor allen möglichen drohenden Gefahren ist klar, dass Massenmeinung als irrationales Ergebnis weitgehend unbekannter Mechanismen entsteht, dass sie aber auch manipuliert werden kann, intuitiv oder professionell: herrscht Demokratie, wenn die Mehrheit despotisch auf der Umsetzung der von ihr vertretenen Programme gegen die Minderheit besteht, oder eher, wenn eine Minderheit medial gegen eine von ihr verachtete und vermeintlich irregeleitete Mehrheit wettert und aufwiegelt? Die warnenden und mahnenden Medien kritisieren Akteure, nicht die Schwäche im System, an dem sie selbst usurpierender Teilhaber sein können.
Politiker der Mitte, die es wagen, die vernünftigen Argumente rechtsgerichteter Politiker selbst umzusetzen, um ihnen den Wind aus den Segeln zu nehmen, balancieren haarscharf am Rande der medialen Populismus-Schelte, setzen sich regelmäßig der Kritik aus, Abweichler vom Kurs der einzig tragbaren Politik zu sein. Herausragendes Beispiel hierfür sind die führenden CSU-Politiker Deutschlands und manche konservative Politiker Österreichs.

Murrende Bürger, die es wagen, diese Form von Medienmacht zu kritisieren, werden immer wieder von den Medien zu suspekten Rechtsradikalen stilisiert. Meinungsbildung im Volk basiert dann nicht auf Fakten, sondern auf der Fakten-

---

[135] Max Horkheimer, Theodor Adorno, Dialektik der Aufklärung, in: Max Horkheimer, Gesammelte Schriften, Band 5, S. 145, Fischer 2014 (orig. 1984, geschrieben 1944 in Los Angeles).

interpretation und -selektion durch die Medien, Selektion von aktuellen Nachrichten, Selektion von Teilnehmern an Talkshows und so fort.

Wie selbstverständlich führt sich damit dieses demokratische System ad absurdum, indem es Medien erlaubt, Freiheit zu missbrauchen, Mitmenschen in gespielter Gleichheit und Brüderlichkeit zu manipulieren und zu verleumden, das Ziel von „Freier Presse" eigensüchtig zu verraten.
Wenn die Medien ihre Macht missbrauchen, indem sie dem Bürger suggerieren, was man unter Demokratie, unter Freiheit, unter „richtig" und „falsch" zu verstehen habe, dann verfehlen sie ihren Auftrag. Denn es wäre Aufgabe von Politikern, Philosophen, Autoren aus verschiedenen Wissenschaftsgebieten, die Menschen zum Nachdenken darüber anzuregen, mit welchen neuen Mitteln und Wegen Missbrauch, Nepotismus, Massenmanipulation verhindert werden können, auf welche Weise Demokratie von ihrer gefährlichen Schwäche befreit werden kann, nämlich der Entstehung von unsinnigen Zufallsergebnissen und gefährlichen Tendenzen, entstanden aus kurzsichtiger, sozial-hedonistischer Eigensucht regional oder national. Die Medien dürfen darüber berichten, nachdenken darf der Bürger selbst, ohne mediale Manipulationsversuche. Journalisten dürfen ohnehin Bücher schreiben. Aber es sollte nicht erlaubt bleiben, dass sie in Massenmedien Meinung manipulieren.
Meinungsfreiheit, damit wäre ursprünglich gemeint gewesen, dass jeder Bürger der Meinung sein darf, dass die gegenwärtige Form von Demokratie mit ihren ungeliebten, unverstandenen und völkerspaltenden Zufallsergebnissen nicht die beste aller möglichen Regierungsformen sein muss, dass auch Justiz fehlbar, politisch manipuliert und korrupt sein kann, dass also auch Rechtsstaatlichkeit baufällig ist, und dass Medien mit dem derzeitigen Umfang ihrer Freiheit in höchstem Maße dem Risiko ausgesetzt sind, die Massen willkürlich und unkontrolliert zu manipulieren. Und all dies, ohne dass die Medien über eine solche individuelle Meinung herfallen und den Menschen hinter solchen Meinungen erdrücken oder sonstwie verlässlich vernichten dürfen.

Moderne Massenmedien: leider zu oft Ausdruck missinterpretierter, allenfalls unverstandener Freiheit, Freiheit statt Neutralität, Libertinismus statt Fairness. Wenigstens erschrecken sie noch ab und zu über ihre eigene Respektlosigkeit, zum Beispiel, wenn sie palavernd ex post erkennen, dass Satire doch nicht alles darf, und hoffentlich, indem sie im Spiegel ihres Kritisierens übergangener Menschenrechte erschrocken sehen, wie oft sie selbst Menschenwürde im Marktgeschrei der Sensations-News mit Füßen treten.
Die Grenze zwischen Manipulation und Manipuliertwerden der, bzw. durch die, öffentliche Meinung führt zur Fragestellung: was ist das, wenn eine Zeitung nach dem x-ten Brandanschlag Rechtsextremer auf ein Asylantenheim in ihren Artikel

einen Hinweis auf die Ausländerkriminalität integriert und dazu schreibt: *„Jetzt reicht's"*.[136 S.39]

Beim Thema Fremdenfeindlichkeit werden die opportunistischen Medien der *„Vorurteilsrepression"* bezichtigt, die im Interessenskonflikt zwischen vermarktbarer Gewaltdarstellung und ausbeutbarem Moralanspruch im Kampf gegen Fremdenfeindlichkeit in eine Situation der *„Paralysierung"* [136 S.50ff] geraten. Ein vergleichbarer Mechanismus herrsche beim unbewältigten Antisemitismus, der in dieser Mühle verwirrender Widersprüchlichkeit zum *„privaten Massenvorurteil"* [136 S.54] in eine Moderecke der deutschen Seele gedrängt worden sei. Vergleichbar hierzu ist die Beschreibung *„Ähnlich wie der Philosemitismus Ausdruck eines unbewältigten Antisemitismus ist, so ist die überbordende Fremdenliebe nur ein Ausdruck unverarbeiteter Ausländerfeindlichkeit"*.[137]

Aus der Werbeforschung ist seit den 60er Jahren allgemein bekannt, dass Wiederholung einer Information, unter welch widrigen Umständen auch immer, einem Lernprozess zuspielt, dass wir eben durch Wiederholung lernen. Nun aber zeigen die Medien z.B. im Fall Wilders, der vor den Wahlen in den Niederlanden überproportional oft nicht nur gezeigt wurde, sondern auch Gelegenheit bekam, seine Meinung Jedermann vielfach vorzutragen – um eben jedermann Gelegenheit zu geben, möglichst viel von dieser Überzeugung aufzunehmen und manipuliert zu werden. Eine der perfiden Verhaltensmuster von Medien ist in solchen Umständen die Kritik an einem Phänomen, das sie selbst erzeugt haben: im Fall Wilders wäre dies eben die Mitteilung in den Medien, Wilders manipuliere die Bevölkerung.

Was man an Ungarn beobachten kann (siehe z.B.[138]): Freie Presse schützt nicht vor Autokratie. Orban fördert die Linientreuen und treibt die anderen in den Ruin, legal. Nur Erziehung und Bildung schützen vor Usurpatoren der Macht. Für Opposition braucht man nicht „Freie Presse" sondern Opposition! Die aber besteht aus Opponenten, also Menschen. Meint die „Freie Presse", ihre Freiheit zur neutralen Berichterstattung sei gleichzusetzen dem Auftrag, mit den Nachrichten den Aufruf zur Opposition zu verbreiten? Autokratie ist auch nicht das Grundproblem, wie manche Monarchen der Geschichte gezeigt haben. Usurpatoren sind das Problem: sie durchsetzten die gesamte Geschichte als Absahner bei Religionsgründern, Ideologen und Erfindern. Eine moderne Gesellschaft müsste es schaffen, Missbrauch an der Gesellschaft zu unterbinden und damit abzuschaffen. Glauben ist ein Grundmuster im Gefüge des Denkens, auch des Denkens über das eigene Leben hinaus in „die Zeit nach dem Tod". Alles kann nur geglaubt werden: Daten, Wissen, Überzeugungen, Offenbarungen, anders kann es unser Gehirn nicht. Daraus einen Machtapparat zu schaffen, ist Missbrauch. Philosophische Thesen sind auch nichts anderes als Glauben an die

---

[136] W. Heitmeyer. Das Desintegrations-Theorem. In Das Gewalt-Dilemma, Hrsg. W.Heitmeyer, 1994.

[137] B. Tibi, Ausländer – die Juden von heute? In: U.Wank: Der neue alte Rechtsradikalismus. Piper Verlag München 1993, S.139-168.

[138] G. Verhofstadt, Europe's Last Chance, Basic Books 2017, S.112

eigene Überzeugung. Daher bedarf es einer Ethik, die gemeinsam gelebt wird, unter Aufgabe einer Hälfte der individuellen Erwartungen. M&D

Vor etwa 500 Jahren begann sich die Welt zu ändern, zu destabilisieren auch, seit Buchdruckerei die massenweise Verbreitung von Information ermöglicht, von dem, was „schwarz auf weiß" steht. Wenn auch digital, so ist es bis heute im Großen und Ganzen bei „schwarz auf weiß" geblieben, auch dabei, dass die Menschen glauben, was sie lesen. Und eben dies wird ausgebeutet wie alles, was Menschen bisher in die Hände bekamen. Meinung und Wissen werden in unseren Tagen mehr denn je zuvor manipuliert. „Fake news" geistern durch die sozialen Medien, Russland mehr als jedes andere Land wird dafür verantwortlich gemacht. Wir befinden uns mitten in einer neuen Revolution, einem Krieg der Daten, in dem Alle, Sie und ich, Ziel der Manipulation werden können, des Versuchs, Meinungen durch digitale Verwirrspiele in gewünschte Richtungen zu lenken.

Die totalitäre Macht der Unterhaltungs"industrie" im „Freien Westen"

Als Teil dessen, was in den Demokratien des Westens „Freie Medien" heißt, nimmt die Filmindustrie nicht nur aus der Sicht politischer Machthaber seit Anbeginn eine zunehmend zentrale Machtposition ein: hatten sich schon Horkheimer und Adorno [139] S.144f sowie Carl Zuckmayer [140] während der Kriegszeit in ihrem Exil in Kalifornien entsprechend kritisch über die Versklavung der Literaten durch die Filmindustrie geäußert, so entstehen seither keine Filme in Hollywood ohne vorherige Genehmigung des Pentagon. Im Rahmen dieser manipulativen Machtausübung schließen sich gleich drei Kreise über dem Bürger und seiner Freiheit:

- Im Film wird immer mehr von dem gezeigt, was den heimlichen Wünschen des Bürgers entspricht, den primitiven, in der Kultur unterdrückten: Gewalt und Sex sowie beides im Verein dominieren dort die Welt. *„In der Tat ist es der Zirkel von Manipulation und rückwirkendem Bedürfnis, in dem die Einheit des Systems immer dichter zusammenschießt".* [139] S.145
- Dieses Prinzip gilt auch für die Literatur, insoweit Autoren oder Verlage vor der Publikation Publikumsbefragungen über Wünsche und Vorzüge betreffend den Inhalt durchführen; noch gewichtiger ist die Frage der momentanen politischen Korrektheit des Textes bzw. die Forderung des Ausschlusses von Textteilen, durch die sich ein Bevölkerungsteil benachteiligt fühlen könnte bzw. gleich von vornherein gegen die Publikation protestiert.
- Man kann davon ausgehen, dass nicht nur in USA kein Film produziert werden darf, ohne dass die politische bzw. militärische Macht den Inhalt geprüft und systemkonforme Änderungen erzwungen hat. Auf diese Weise werden nicht nur Soldaten rekrutiert, sondern die öffentliche Meinung geprägt, der gesam-

---

[139] Max Horkheimer, Theodor Adorno, Dialektik der Aufklärung, in: Max Horkheimer, Gesammelte Schriften, Band 5, Fischer 2014 (orig. 1984, geschrieben 1944 in Los Angeles).

[140] Carl Zuckmayer, Als wär's ein Stück von mir, Fischer 1966, S. 473f.

ten Kulturindustrie des Westens ein anderer Universalismus aufgeprägt, zusammengesetzt aus einer immer überschaubareren Anzahl inhaltlicher Einheiten in den einzelnen Genres, z.B. dem Film, der populären Musik und Literatur: Allem *„macht die Kulturindustrie durch Totalität ein Ende"*.[139 S.150]

K17 Brüssel und die Macht der EU

Während seiner Regierungszeit im 16. Jh. war Kaiser Karl V. in Europa in ähnlicher Position wie die EU heute: von Südosten her drängten die Osmanen immer weiter den Balkan hoch, aber seine Fürsten hatten andere, eigene, Interessen, weder Zeit noch Willen, ihm zuzuhören. Stattdessen schlossen sich einige den eigenen Bauernaufständen an und zogen innerlich aus dem Heiligen Römischen Reich aus. Das jahrhundertelange Gezänk mit Frankreich war Teil seines Erbguts. Der in seinem Auftrag von Erasmus idealisierte „G-3-Gipfel" (Liga von Cambrai) mit Henry VIII. und François I. platzte (s. Band I, S.135).

Wer heute in solcher, erhöhter Position in Brüssel sitzt, mit Blick über die Weltpolitik der Anderen, kann sich zunächst fragen, welchen Unterschied es macht, ob man Kaiser ist oder demokratische Führungskraft: Karl V. gab auf, dankte ab, weil er keinen Weg mehr sah, seine christliche Welt zu retten; bald danach – die Zeit vergeht schnell! – brach das Chaos über Europa herein, das Gewirre kriegerischer Gemetzel, von den Historikern als 30-jähriger Krieg zusammengefasst. Karl der Erste, der Große, hatte noch monarchisch durchgreifen können, müsste aber geahnt haben, dass auch diese Methode nicht „nachhaltig" sein konnte; er hätte mehrere Leben gebraucht.

In Wien, wo man schließlich – 1683 – mit fremder Hilfe im letzten Augenblick der „Türken" wehrte, raufen sich heute Demonstranten mit der Polizei, und miteinander, vor allem solche, die „gegen Corona" sind. Die Partei „für Deutschland" (AfD) beschließt, ihren Wählern offiziell den Kampf gegen die EU anzubieten; die Briten kämpfen schon allein, schwer; die befürchteten Unruhen in Nordirland sind pünktlich aus-, die Wirtschaft ebenso prompt eingebrochen. In Paris treffen sich Statistiker mit Pharisäern der Wissenschaft: während erstere melden, dass immer mehr Frauen das Burkaverbot ignorieren, *weil* es besteht, kontert der islamische Islamspezialist, das sei nicht so und dürfe auch nicht sein, denn die Gesetze mache „der Staat", nicht „irgend eine Minderheit" – vermeintlich schlau verpacktes Demokratieverständnis hat sich da verraten als vorausgeplanter Verrat an der Demokratie; Macron hatte die Imame schon Ende 2020 aufgefordert, seine „Neue Charta republikanischer Werte" zu unterzeichnen. Italien ringt mit Türkei und China, weil Erdoğan europäische Politikerinnen auf den Nebentisch setzt, während er unter Männern Politik macht, und weil chinesischen Händlern untersagt werden soll, Plastik-Imitate von Michelangelos David aus chinesischer Produktion auf den Sammelplätzen der Touristen von Florenz und Venedig zu verkaufen.

Brüssel scheint seine Glaubwürdigkeit aufs Spiel zu setzen und das Heft aus der Hand zu geben, weil es gleichzeitig Kollektivität und Nationalität als Devise ausgibt: vier Monate nach der Weihnachtsengel-Ansprache der Kommissionspräsidentin verlautet, dass sich neben der gleichmäßigen Impfstoffverteilung an alle Mitgliedsländer einzelne auch selbst über dieses gemeinsame Maß hinaus versorgen dürfen!? Als erste Nation stürmt die Wirtschafts- und Macht-Lokomotive Deutschland vom Geleise und verhandelt im Alleingang mit Russland. Einzelne versorgen sich indes ohnehin als Touristen.

Die Existenz von Sputnik soll nun, entgegen dem angeblichen Volkswillen, jedenfalls entgegen der von der liberal-aggressiven Anti-Russland Politik des Westens als „Volkswillen" kolportierten Meinung, zähneknirschend anerkannt werden – erst nach genauester Prüfung der Fakten, versteht sich. Ungarn tut es, und Serbien, und die Slowakei, und Bayern, und der Rest von Deutschland (obschon noch nicht klar ist, ob sich dort der narzisstische Föderalismus oder wenigstens der Nationalismus durchsetzen werden) – Brüssel schweigt.

Mit China hadert der Neue wie der Alte aus den fernen USA – Brüssel schweigt.

Man muss jetzt sehr fest an eine vorübergehende, Lungen-Corona-bedingte Kurzatmigkeit glauben.

K18 Die aufgeklärte Welt? – Ein Epilog zur Gegenwart

Nur sinnlich Erkennbares, Errechen- oder Messbares wenigstens, sollte wirklich wahr sein dürfen in einer aufgeklärten Menschenwelt. Neues, ja erstes Erkennen hatte den Boden einer Plattform von wirklicher Welt gebildet, verstanden als „vorläufig wirklich". Nach hinten in die Vergangenheit und nach vorne in Zukunft war sie einsam, schwebend geworden in einem Nebel von Unsicherheit, zunehmend ihrer Verankerung in Schöpfung, und Ende in Gottes Schoß, beraubt.

Im Laufe der weiteren 300 Jahre nach dem Zeitalter der Aufklärung war daraus in exponentiell beschleunigendem Wachstum eine riesige Raumstation mit Fabriken, Wolkenkratzern, Automobilen, Flugzeugen, Fernkommunikation, Fertighäusern, Fertiggerichten und Robotern, geworden, eingehüllt in eine Dunstwolke von Abgas und Dreck. Auf großen Leinwänden sehen wir Filme über unsere vermeintliche oder erfundene Vergangenheit, über unsere erträumte, befürchtete oder wahrscheinliche Zukunft. In unseren Herzen spüren wir die Angst größer werden, fühlend, dass all die Träume und Lügen Versuche sind, vom Ernst der Lage abzulenken. Glitzernde Spaßgesellschaft neben dumpfer Verblödung im Wohlstand, und Elend der Zurückgelassenen. Bis zum Irrsinn gesteigerte Arbeitswut der Einen, Lethargie oder bis zur erweiterten Selbstmordabsicht gesteigerte Wut bei den Anderen. Dazwischen in Überarbeitung und Überforderung erkrankende Massen.

Um Gleichheit und Brüderlichkeit waren sie ausgezogen, als sie ihren König und ihre Königin öffentlich köpften und ihre Paläste durchwühlten. Danach hatten sie sich an Wut und Grausamkeit gewöhnt und begannen, einander gegenseitig zu köpfen. Die Überlebenden gingen daran, hinter Napoleon marschierend wahnhaft Europa, die Welt, zu erobern. Der Kampf ging hin und her, aus Herrschern waren Nationen geworden. Sie setzten die Welt in Brand. Ihre Führer sind Herr-

scher auf Zeit unter neuem Namen, sonst nichts. Sie herrschen, oder sie tun –
nichts. Beides setzt den Unmut des Volkes erneut in Gang. Die neuen wirklichen
Regenten agieren beim Geld, Verleihen, Entwenden, Abzocken. Auch die Herrscher wollen ans Geld. Manche stehlen, andere rauben, wieder andere teilen, mit
denen, die beim Geld sitzen und sie dirigieren dürfen.
Heute besitzen weniger Menschen mehr vom menschlichen Gesamtbesitz als je
zuvor. Ob es deshalb Vielen besser geht als zuvor, weil die dynastischen Herrscher beseitigt sind, oder weil eine raffinierte, aber selbstmörderische Ausbeutung von Welt und Menschen um sich gegriffen hat, ist nicht erwiesen.
Auch Zurückgelassene wollen Geld, aber sie wollen vor allem Rache. Sie sinnen
auf Rache an der arroganten Sippe der Regierenden, erschrecken sie mit politisch unkorrekten Taten, Untaten. Auch die Ausgebeuteten abseits der westlichen Welt haben zu verstehen begonnen, dass ihre Lebensbedingungen nicht
nur gottgegeben sind. Neue Gruppen finden sich zusammen.

Die Feste sind schal geworden. Die Kriege sind jetzt woanders. Der Wunsch nach
Abwechslung schaukelt sich auf im Volk. Das Licht der Aufklärung ist verblasst
hinter den Leuchtreklamen und Scheinwerfern der Großstädte. Wo hat es hin-
geführt? Hat es geführt? War es ein Irrlicht?

Die Welt wird gefährlich, gefährdet.

Entscheidungen bewirken jetzt entweder Herrscher oder Mehrheiten. Immer
herrschen jetzt Mehrheiten, solange die Herrscher auf Zeit nichts tun. Die meisten dieser Mehrheiten entstehen als Zufall, wegen des Wetters oder des Fernseh-
programms. Gott ist ganz still geworden; jedenfalls seine Stellvertreter. Erkenntnis ist seinem Diktat gewichen. Der Mensch erkennt sein Denken im Spiegel
seines Denkens, erkennt seine Umwelt in seinem Denken, verwirrt sich ob der
Spiegelungen und beginnt an sein Wissen zu glauben, glaubt zu wissen, von Ära
zu Ära glaubt er es und lacht stets erneut kopfschüttelnd über das, was die
Vorherigen ihr Wissen nannten.

Europa, der Westen, altert auf Pump. Es gibt kein Land, das nicht seit Jahrzehnten
mehr ausgäbe, als es an Steuern einnimmt. Die Banken hatten irgendwann ent-
deckt, dass man nicht nur einzelne Menschen, sondern dass man ganze Länder
durch Kredite von sich abhängig machen kann. Die Staatsverschuldungen dürfen
keinesfalls weiter wachsen, tun es aber. Die Wirtschaft muss für immer weiter
wachsen, kann es aber auf keinen Fall. Die Gesundheitssysteme brauchen viel
mehr Geld, um erwartungsgemäß funktionieren zu können, ächzen in letztmög-
licher Anstrengung, aber die Staaten können sich schon diesen defizitären
Betrieb schon lange nicht mehr leisten.
Der wilde Tanz der Alternden wird immer toller, sie können schon eine ganze
Weile nicht mehr, aber der Rhythmus zwingt sie weiter, die Mienen in überdreh-
ter Begeisterung eingefroren, dahinter längst die Blässe des nahenden Infarkts.

Das letzte Mal – und übrigens auch das einzige bisher – war ein großer Teil Europas vor 1200 Jahren unter einer Administration vereint. Nach über tausend Jahren fast konstanter Kriege gegeneinander ist der Graben des Misstrauens von einer äußerst schwer überbrückbaren Tiefe; kulturelle Eigenheiten haben sich zu einem Umfang entwickelt, der die Unterschiede touristisch schon wieder attraktiv machte. Das Ansehen Derer jenseits der Grenze als der „Anderen" ist eine jahrhundertelang bis in alle Tiefen des Unterbewusstseins eingegrabene kulturelle Tradition. Es ist nutzlos, diesen faktischen Zustand heute zu beschimpfen. Sinnvoller ist es, sich der menschlichen Gabe der Analyse und Schlussfolgerung aus Erfahrungen zu besinnen, um einsehen zu können, dass der halsstarre Standpunkt des Beharrens auf der ureigenen Tradition in eine Katastrophe münden kann.

Müsste man das Verhalten mancher Staaten und deren Repräsentanten aus der Sicht individueller Psychologie beurteilen, man müsste so manchen an den Psychiater weiterreichen: hinterhältig mit heimlich böswilligem Grinsen, teilnahmslos wie autistisch angesichts herzzerreißender Szenen, paranoid krittelnd, beschuldigend, höhnend: der Kampf geht nicht ums Überleben; er spielt in krankhafter Eifersüchtelei um Rangreihen, Dominanz, Prahlerei. Jede Nation ist die größte, nur die anderen sind so bösartig, es nicht anzuerkennen. Die Größten und Mächtigsten helfen da notfalls etwas nach: Betrug beim Sport, Versklaven bei der Finanzgebarung, Okkupation als Friedenssicherung.

Ein Haufe irrsinnig gewordener Affen tut Dinge, die kein Affe tun würde.

Auf der globalen Ebene befinden sich die Staaten noch immer im Zeitalter der unverbindlichen Konkordate – mit Ausnahme der europäischen mit ihrer Union: es gibt zwar die Vereinten Nationen. Aber sie waren über Jahrzehnte nicht nur in den USA beheimatet, sondern auch von den USA dominiert. Man macht dort einander Zusagen, die dann je nach Opportunität eingehalten werden, oder eben nicht. UNO-Mandate bewegen sich auf der Ebene von Almosenempfängern: halbherzig schickt man sie los, halb hungert man sie danach aus: die reichen Verwandten in dieser Sippe sind geizig, ausbeuterisch, machtgierig, unfair. Eines der entsetzlichsten Beispiele der Neuzeit ist der Völkermord in Ruanda der Hutu an den Tutsi: als der Genozid ausbrach, reduzierte die UNO ihre Friedenstruppen dort, statt sie aufzustocken. Die Welt sah in den 90er Jahren des 20. Jh. einem Genozid weitgehend desinteressiert zu. Ein äußerst dumpfes Licht fällt auf dieses Land auch angesichts der Tatsache, dass damals an die 80% der Bevölkerung Christen waren.

Danach ruft die UNO wieder auf zur Rettung von Millionen Hungernden in Afrika: sie hat von den Signatarstaaten 10% der benötigten Ressourcen zur Verfügung bekommen. Geiziges Europa, geiziger Westen, geizige Reiche.

Auch wenn die Briten nun – als Ergebnis eines unsinnig quasi-demokratischen Ergebnisses zwar, und damit in sich zerstritten, halbherzig – sich aus dieser europäischen Eheverbindung scheiden ließen, bleibt diese Europäische Staatengemeinschaft ein Modell für die Zukunftsfähigkeit der menschlichen Natur. Die

Verfahren für diesen jahrelangen Scheidungsprozess zeigen, wie tiefreichend verquickt die gegenseitigen Abhängigkeiten in dieser Union tatsächlich sind.

Gerade dieser Halbherzigkeit und Gespaltenheit wegen kann man den Briten nicht pauschal den Vorwurf machen, aus ihrer eigenen Machtgeschichte keine Lehren für eine gemeinsame Zukunft der Menschheit ziehen zu wollen, obschon die Masse der Scheidungswilligen auf eine besorgniserregende Erkrankung dieses Volkes hinweist, eine narzisstische Störung auf nationaler Ebene. Dabei ist den Briten aus der Sicht der Zielrichtung auf eine europäische Demokratie der Demokratien in gewissem Umfang Recht zu geben: denn so wie die Individuen, sollten sich auch Staaten nicht ganz, sondern nur zur Hälfte in die Gemeinschaft der Staaten geben, ohne das Gefühl bekommen zu müssen, von der höheren Ebene der „Meta-Demokratie" bevormundet und beherrscht zu werden außer im Rahmen einer für Alle sinnvollen Subsidiarität. Diesen Standpunkt hätten sie jedoch stark und dezidiert als Mitglied vertreten können, nicht aber die Gemeinschaft verlassen und von außen kritisieren sollen.

Das Ergebnis des Projektes „EU" bleibt aus gegenwärtiger Sicht ein entscheidender Fingerzeig für die Zukunft der Menschheit.

Werden die Mitglieder, vor allem die Starken unter den Nationen, es schaffen, ihren Hang zu Dominanz und Ausbeutung zu kontrollieren, ihr Versteckspiel hinter selbst aufgestellten gesetzlichen Regularien aufzugeben und aufrichtig zueinander zu werden? Nicht Almosen zu verteilen und zu nehmen, sondern Gleichheit und Menschenwürde zu leben, Verantwortung zu tragen, statt sie in Kommissionen verdösen zu lassen? Fairness und gleiche Würde zum Prinzip zu machen, in Erinnerung an eine europäische Kultur, die ein Zeitalter der Aufklärung hervorbrachte, einer Aufklärung, die bis heute nicht wirklich stattgefunden hat? Wird eine Europäische Union ihrer Verantwortung für die Welt gerecht bleiben können, sie nunmehr tatsächlich geschehen zu machen?

****

Wer die gegenwärtige Menschenwelt am europäischen Kontinent von außen betrachtet, bemerkt zwei Phänomene: 1. das grundlegende Sozialverhalten der Menschen ist unverändert, ohne wesentlichen Einfluss durch Erfahrungen und wissenschaftliche Erkenntnisse. 2. Die Voraussetzungen für weltpolitisches Handeln Europas, und für politische Tätigkeit innerhalb des Kontinents, haben sich seit den Gründungstagen der Union tiefgreifend gewandelt:

Zu 1. bestätigt sich der alles dominierende Einfluss der beiden Faktoren, die das Leben auf der Erde bestimmen: seine Evolution, und seine Umwelt. In der Evolution haben sich Verhaltenseigenheiten entwickelt, die auch den Umgang der heutigen Menschen und deren Gemeinschaften weitgehend ausmachen, auch wenn es durch kulturelle Verhaltens-Codices teils geglättet teils verschleiert erscheint. Grundsätzlich unverändert ist demnach der Umgang der Menschen unterschiedlicher Kulturen in gemeinsamen Lebensräumen: denn schon aus der Geschichte kennen wir ihn als Konflikt zwischen Römern, Juden, Christen und Muslimen; auch heute werden wieder zunehmende Aversionen offenbar, wenn auch in neuen Vermischungen: zum Beispiel Antisemitismus nicht nur durch angestammte Bürger, sondern auch durch immigrierte Muslime; sog. Rassismus – der häufig gar keiner ist, sondern einfach Fremdenscheu (Xenophobie) – zwischen angestammten Christen oder Säkularen und Muslimen. Nur die Bequemlichkeit im technisch erwirkten Wohlstand verhindert gewalttätige Auseinandersetzungen oder bewirkt deren Verlagerung auf Stellvertreterebenen außerhalb des eigenen Territoriums. Dieses Verhalten provoziert wiederum vereinzelte Gewalttaten innerhalb der Nationen, verursacht durch Zurückgelassene. Darüber, wovon es abhängen mag, dass sich tätliche Grausamkeit im gegenwärtigen Alltagsleben auf vereinzelte terroristische Anschläge beschränkt, wage ich hier keine Feststellung – die Ereignisse im ehemaligen Jugoslawien zählen zu diesem Themenkreis; sie liegen bei Weitem noch kein Menschenalter zurück, aber ihr Daueralarmsignal wird übertönt von einer Reihe weiterer Herausforderungen der Gegenwart: Umweltnotstand, Migrationskrise, Pandemie- gepeitschte Wirtschaft. Aber die Aktualität des Themas „Aggression“ wird ohnehin durch immer wieder aufflammende Gewalttaten und Randale aufgebrachter Menschenmassen betont.

Zu 2.: Heute, nach siebzig Jahren, findet sich die Union in einer weitgehend veränderten Welt: seit dem Ende des Kalten Krieges ist sie geprägt von global-politischer Multipolarität, einer neuen Welle schwer kontrollierbarer Immigration und Entmündigung der Politik durch eine global entfesselte kapitalistische Marktwirtschaft. Darin findet sich Europa als potentieller Machtblock nun in eine Situation zurückversetzt, in der sich europäische Fürstentümer und Königreiche befunden hatten: zänkisch verstrickt in einen Kampf um Dominanz versus Gleichheit, um Territorien, um wirtschaftlichen und machtpolitischen Einfluss, sämtlich übertüncht von religiösen und anderen kulturellen und subkulturellen Eigenwilligkeiten. Ein Zeitalter beginnt sich abzubilden, das im Begriff zu sein scheint, sich von einer Ära des zuerst billigend in Kaufnehmens, dann nachgerade dirigistisch gewollter Multikulturalität zu distanzieren. Neuerdings beruft man sich auf „Werte“ als Ersatz für eine aus seiner Vergangenheit abstrahierte kulturelle Identität.

Beide Phänomene – das geheimnisvoll Kosmische von 1. und das sozialpolitisch-kulturgeschichtliche aus 2. - bewirken einen weitgehenden Stillstand des geplanten Prozesses einer Vereinigung der Völker von Europa ebenso wie einer Vereinigung der Völker der Welt, denn sie arbeiten gegeneinander: Völker, kulturelle Einheiten, folgen Gesetzen, die einer spontanen Vereinigung widerstreben. Stattdessen streben sie, jede Einheit für sich, nach Vergrößerung, wie Konzerne der heutigen freien Marktwirtschaft. Je größer sie bereits geworden sind, je mächtiger, desto größer ist ihr Drang nach weiterer Vergrößerung. Dieses Phänomen erstaunt uns nach der Analyse der historischen Entwicklung nicht mehr, denn wir haben es auf dem eurasischen Kontinent wiederholt beobachtet: an der Weltreise Alexanders des Großen, an Roms Imperium, an den Immigranten der Völkerwanderung unter Karl dem Großen und seinen Erben, an Expansionsbestrebungen islamischer Reiche, den Interventionen des britischen Weltreichs, Napoleons Europa, dem des Dritten Reichs ..... Vereinigung Europas als Folge des hegemonialen Bestrebens einzelner Nationen, jeweils gegen den entschiedenen und heftigen Widerstand der übrigen Staaten. Manche bezweifeln, dass diese Situation heute anders ist, obschon auf einem diskreten und friedlich erscheinenden Weg – Thomas Mann hatte es der Jugend mit dem Beispiel Deutschlands verdeutlicht, als er ein „europäisches Deutschland" anmahnte und es damit einem „deutschen Europa" gegenüberstellte.

Europas Weltpolitik muss sich kurzfristig neu orientieren durch die Rückkehr Russlands in die Arena der Weltmacht, vor allem jedoch durch das Verhalten einer Großmacht, die, über viele Jahrhunderte selbstgenügsam eingemauert, nun die Welt zu umfangen beginnt wie noch keine zuvor: China tritt fast lautlos auf, während die USA lautstark abtreten, ihren schwindenden hegemonialen Anspruch gleichzeitig verteidigen und hinwerfen, sich innerlich selbst zerfleischen und Europa andeuten, dass es nun zunehmend sich selbst überlassen sein wird.

Es wird unserer aufmerksamen Diskussion und Erwägung bedürfen, ob Europa dem Aufmarsch zu einer globalen Konfrontation zwischen einem liberal-individualistischen und einem kollektivistischen Sozialsystem tatsächlich untätig zusehen darf, wie sich dies mit den tiefgreifenden, bisher unterschätzten Differenzen zwischen seinen eigenen Partnerstaaten abzeichnet. Mit dieser Frage und der Diskussion zur Rechtfertigung Europas als Missionar für den Weltfrieden in einer Gemeinschaft der Kulturen werde ich mich im dritten Band befassen.

Index

BoD 2018, ISBN 978-3-752-88751-8

Modern liberal democracy is praised in a universalistic Western view as the best political system and a quasi-prerequisite for full acceptance by the community of traditional hegemonial States. However, democracy is fully developed in only less than five percent of States globally, and in decline in most Western countries. In this book, democracy is presented as a political system in danger due to its intrinsic flaws and tendency to self-destruction. The major flaw is that "human nature" is not adequately considered in democracy's conception: its citizens, "We, the people", as individuals and as crowds, are liberated into a dangerous ideology prioritizing "freedom *from* society" over "membership *in* society" and thereby causing decline in libertinism, hedonism and polarization in divided and finally broken societies.

Proposals to resolve the rapidly growing crisis include education of citizens into the ethics of reciprocal altruism, grounded in evidence from biological sciences and humanities, professionalization of politics, and a fundamental change of politics towards evidence-based decision-making, thus ending politicking, politicians' personality affairs, and the cold war of political parties, the representative of class warfare in the sheep-skin of "interest-group pluralism".

Ludwig M. Auer

Mensch und Demokratie. Streitschrift für eine globale Sozial-Ethik.

LIT Verlag 2021, ISBN 978-3-643-92369-2, www.lit-verlag.ch
Der Autor identifiziert intrinsische Schwächen liberaler Demokratie als Ursache für ihre drohende Kurzlebigkeit und begründet diese auch aus der Perspektive der menschlichen Natur. Er kritisiert polit-philosophische Aspekte, vor allem soweit sie Individualismus bis zum Sozial-Hedonismus folgen. Er bezweifelt, dass diese Demokratie durch Reparatur an formalen Details nachhaltig bleiben kann, und argumentiert, dass ihr ethisches Fundament in einer neuen, diesmal tatsächlich durchgreifenden Aufklärung erneuert und durch Erziehung gefestigt werden müsste. Er weist auf Anzeichen, dass die Zeit für den Beginn einer Wende rasch zur Neige geht, und appelliert an die Einsicht, dass Demokratie diesmal auch ihrem globalen ethischen Anspruch gerecht werden sollte. Er appelliert, die weitere Entwicklung nicht in Trägheit der Macht des Schicksals über Krieg und Frieden zu überlassen, sondern sich um die Verwirklichung einer Neuen Demokratie zu bemühen: evidenzbasierte Politik unter Teilnahme aller Bürger, eine „Volks-Epistokratie" mit dem säkularen Kern der „Goldenen Regel" aller großen Welt-Religionen als gemeinsamer ethischer Basis, mit reziprokem Altruismus und Subsidiarität.

Ludwig M. Auer
Kommentare zu Mensch und Demokratie.
Streitschrift für eine globale Sozial-Ethik.

BoD 2021, ISBN 978-3-753-40223-9
Dieser Ergänzungsband beinhaltet 37 Kommentare zu Themen im Buch "Mensch und Demokratie", z.B. zum Konflikt zwischen Individuum und Gesellschaft; zur Position von uns Einzelnen in der liberalen Demokratie; zu Demokratie-Theorien und ihrer politischen Philosophie; zum Verhältnis zwischen Großmächten wie USA und China zur Demokratie und ihren Werten; zur fraglichen Langlebigkeit von Demokratie aufgrund ihrer intrinsischen Schwächen; zur Bedeutung von Ethik und Erziehung als Überlebensstrategie für Demokratie; zu Strategien gegen Machtmissbrauch; zum Vorschlag einer neuen Form direkter Demokratie, einer "Volks-Epistokratie" mit der Möglichkeit zur Beteiligung aller Bürger an evidenzbasierten politischen Entscheidungen.

Ludwig M. Auer

Europa – Wunsch, Wahn und Wirklichkeit.
Band 1: Zur Geschichte von Migration und Kultur.

LIT Verlag 2020, ISBN 978-3-643-91323-4, www.lit-verlag.ch

Dieses Buch ist der erste Teil einer Trilogie zur Geschichte, gegenwärtigen Krise und den Perspektiven Europas und seiner Union. Im Vordergrund stehen die Geschichte der Entstehung und Entwicklung des Kulturkreises und die Bedeutung der Migration von Menschen sowie deren Wissen und Krankheiten für diese kulturelle Evolution. Diese Geschichte beginnt mit den Neandertalern und endet mit den Massenmigrationen zu Ende des Zweiten Weltkrieges.

Die Einzigartigkeit dieser Kulturgeschichte weist auf die Zukunft Europas als soziokulturelles und politisches Modell für die Welt – als Verheißung, aber auch als Aufgabe.

Ludwig M. Auer

Europa – Wunsch, Wahn und Wirklichkeit.
Band 2: Europas Gegenwart: Hoffnungen und Grenzen.

LIT Verlag 2021, ISBN 978-3-643-91460-6, www.lit-verlag.ch
Bei diesem zweiten Band der Trilogie zur Geschichte, Gegenwart und
Zukunft Europas und seiner Union stehen drei Themen im Vordergrund: Zuerst die Diskussion um Substanz oder Verlust einer kulturellen und der politischen Identität Europas. Danach folgt eine Er-
örterung der Struktur und Funktion der Europäischen Union und
ihrer konstanten Krisensituation. Dieser zweite Teil leitet über zu
einer gesonderten Diskussion der zentralen Krise des letzten Jahrzehnts: der Migration und ihrer Folgen. Dem Islam in Europa ist
hierzu ein eigenes Kapitel gewidmet.

BoD 2021, ISBN 978-3-753-40223-9

Bei jährlich über 3 Milliarden Passagieren interessiert und betrifft Flugsicherheit so viele Menschen wie nur wenige andere Lebensbereiche. Dank technischen Fortschritts ist Fliegen heute eine sichere Fortbewegungsart für nahezu jedermann – undenkbar vor 100 Jahren. Im Thema „Flugsicherheit" spiegeln sich aber allgemeine Probleme der Gegenwart: Sicherheit wird angestrebt durch Technik, Management und Gesetze. Diese Bemühungen werden kompliziert durch Konflikte: Automatisierung zum Schutz gegen menschliche Fehleranfälligkeit schafft das Problem der Priorität Mensch-Maschine. Technische Einrichtungen werden für zwischenmenschliche Konflikte missbraucht: Sicherheit und Kriminalität (Terror) verfolgen einander in einer Spirale, Sicherheitseinrichtungen werden umgangen oder selbst zum Sicherheitsproblem. Technik entführt den Menschen immer weiter weg von seinen Wurzeln; das schafft Angst. Und schließlich durchdringt Technik die Bevölkerung der Erde ohne Rücksicht auf deren zivilisatorischen und kulturellen Stand, schwierige Voraussetzung für einheitliche Sicherheitsstandards. Touristen und Geschäftsleute fliegen heute jedoch in jeden Winkel der Welt in der Erwartung globalisierter Sicherheitsstandards. Dieser Erwartung stehen Nachrichten und oft unsachlich diskutierte Details über jeden einzelnen Flugunfall gegenüber; sie erzeugen Unsicherheit und Angst. Leben der Passagiere ab. Insbesondere seit dem Absturz des Germanwings Airbus 2015 stehen Flugmedizin und –psychologie auf dem Prüfstand, auch Datenschutz und Sicherheits-Management. Was aber tun Behörden und Justiz zum Schutz der Passagiere wirklich?